ARKANA

W0462309

Buch

Alle Kraft, die der Mensch braucht, um eine Situation zu ändern, kann er aus sich selbst schöpfen, er muß nur wirklich wollen. In dem Augenblick, in dem sich jemand für Freiheit, Glück und Liebe entscheidet, ist er frei, wird er glücklich werden und wird fähig sein zu lieben. Denn allein auf seine Entscheidung kommt es an, alles andere ist unwichtig, und auch die Vergangenheit hat nur so viel Macht über uns, wie wir ihr geben.

In diesem Praxisbuch wollen Erhard F. Freitag und Carna Zacharias jedem helfen, die Macht der Gedanken richtig einzusetzen, um Probleme, Nöte und Krankheiten zu überwinden und ein glückliches und erfolgreiches Leben zu führen.

Autoren

Erhard F. Freitag ist einer der bekanntesten Hypnosetherapeuten Deutschlands. Seine Arbeit basiert auf dem Konzept des Positiven Denkens von Dr. Joseph Murphy.

Die Bücher von Erhard F. Freitag wurden in zwölf Sprachen übersetzt und haben eine Gesamtauflage von über 2,5 Millionen erreicht.

Carna Zacharias arbeitet als Autorin und Journalistin in München. Sie schrieb das Kinderbuch »Jana«, das Sachbuch »Wo liegt Utopia?« und den Roman »Der Sinn des Lebens«.

Von Erhard F. Freitag liegen im Goldmann Verlag außerdem vor:

Hilfe aus dem Unbewußten (10957)
Kraftzentrale Unterbewußtsein (11740)
Sag ja zu deinem Leben (mit Gudrun Freitag, 12208)

Erhard F. Freitag
Carna Zacharias

Die Macht Ihrer Gedanken

Das Praxisbuch zur »Kraftzentrale Unterbewußtsein«

Völlig neu bearbeitet

ARKANA
Goldmann

Umwelthinweis:
Alle bedruckten Materialien dieses Taschenbuches
sind chlorfrei und umweltschonend.

Vollständige, für die 6. Auflage
neu bearbeitete Taschenbuchausgabe September 1999

Umschlaggestaltung: Design Team München
Umschlagfoto: Premium/Orion Press
Porträtfotos: von Erhard F. Freitag auf der Rückseite:
Studio Meinen, Bielefeld
Druck: Elsnerdruck, Berlin
Verlagsnummer: 12181
WL · Herstellung: sc
Made in Germany
ISBN 3-442-12181-7

6. Auflage

Inhalt

Vorwort

Liebe Leser,

dieses Buch soll Ihnen helfen, theoretisches Wissen in die Praxis umzusetzen. Wir alle wissen, daß drei Gramm Praxis schwerer wiegen als tausend Tonnen Theorie. Wir nehmen an, daß Sie die Bücher *Kraftzentrale Unterbewußtsein* und *Hilfe aus dem Unbewußten* bereits gelesen haben, daß wir bereits ein Stück des Weges gemeinsam gegangen sind. Doch auch wenn das nicht der Fall sein sollte, steht in dem vorliegenden Buch alles, was Sie wissen sollten, um Ihr Leben so zu gestalten, wie Sie es wollen. Damit wir uns nahe sind, bitten wir um Ihr Einverständnis, wenn wir ab jetzt die Du-Form in der Anrede wählen. Wir sind überzeugt davon, daß durch das vertraulichere Du mehr Nähe und dadurch eine Herzensverbindung möglich wird.

Noch eine Anmerkung zum Ausdruck »Positives Denken«. Positives Denken wird oft von Kritikern als »Schönfärberei« bezeichnet, doch das ist ein Mißverständnis, das, wie meistens, auf unzureichenden Informationen beruht. Positives Denken sollte richtiger »Konstruktives Denken« heißen, also aufbauendes Denken im Gegensatz zu zerstörendem. Nur ist »konstruktiv« ein eher sperriges Wort, deshalb vermeiden wir es lieber. Kritiker sind im Grunde mehr oder weniger nicht tatsächlich an einem Sachverhalt interessiert, sondern vielmehr daran, ihre Kompetenz zu beweisen. Kritik sollte eine Funktion von Liebe sein, oder es wäre besser, sie zu unterlassen.

Wir möchten dir zur Einstimmung auf dieses Buch einige Sätze von Prentice Mulford mit auf den Weg geben. Wir hoffen, daß sie dir Mut machen und dich mit Freude ans Werk gehen lassen:

»Wie ein Stück Eisen durch Kontakt magnetisch gemacht werden kann, so kann auch der gewöhnliche Mensch, auch der scheinbar unbegabte, Kräfte an sich ziehen und dadurch selber geistig schöpferisch werden. Welchen ›Strömen‹ er sich öffnet, das wird die Qualität seiner Ladung bestimmen ...«

Wir wünschen dir, daß du viel Freude während des Lesens hast. Wenn du uns schreiben möchtest, wir freuen uns!

Colorado, USA, und München 1999

Carna Zacharias, Erhard F. Freitag

Wenn Sie Informationen über Therapie und Seminare haben möchten, wenden Sie sich bitte an folgende Adresse:

Erhard F. Freitag
Heilpraktiker
Postfach 200 816
80008 München
Telefon 089/7901256
Telefax 089/7901356
www.efreitag.com

Teil 1:

Was ist positiv?

KAPITEL 1:
WOHIN WIR GEHEN

Du möchtest etwas in deinem Leben verändern? Du möchtest dich entwickeln, deine Persönlichkeit aufbauen und festigen? Nichts leichter als das, lies aufmerksam die folgenden Seiten und es werden Wunder in deinem Leben geschehen. Eine der notwendigen Voraussetzungen ist, daß du Neues annehmen kannst, und daß du Ungewöhnliches, ja sogar Unbekanntes akzeptieren kannst.

Wie pflegen wir im allgemeinen mit einer neuen Situation umzugehen? Hier ein einfaches Beispiel. Wenn du die folgende Aufgabe gelesen hast, schließe bitte die Augen und löse sie:

Sage laut das Wort NEIN rückwärts...

Hast du bemerkt, wie du bei der Lösung der Aufgabe vorgegangen bist? Du hast dir das Wort zuerst einmal richtig geschrieben vorgestellt – und erst im zweiten Schritt rückwärts gelesen. Genauso gehen wir mit allem Unbekannten um, dem wir gegenübergestellt werden. Stehen wir vor einer noch nie dagewesenen Situation, liefert uns augenblicklich der perfekteste Computer, den es gibt – unser Gehirn –, Daten aus der Vergangenheit. Mit Hilfe dieser Daten konstruieren wir das Ergebnis der neuen Situation sozusagen im Planspiel. Und je nachdem, wie der »output« unseres Computers aussieht, gehen wir dann in die neue Situation hinein oder weichen ihr aus.

Das scheint ein effektives Verfahren zu sein. Doch das ist es nur auf den ersten Blick. Der Haken dabei ist nämlich, *daß die neue Situation tatsächlich nur sehr wenig mit deinen vergangenen Erfahrungen zu tun haben muß*. Natürlich gibt es gewisse Ereignisse, die durchaus mit dem Verstand berechenbar sind, zum Beispiel kannst du es dir sparen, die Niagarafälle hinunterzuspringen. Die Wahrscheinlichkeit, daß du es überlebst, ist einfach zu gering.

Dennoch tust du, sobald du mit etwas Neuem, Unbekanntem konfrontiert bist, fast immer so, als verlange jemand von dir, die Niagarafälle hinunterzuspringen! Du zauderst, du ziehst dich zurück in die Sicherheit der alten Verhaltensmuster, du findest tausend Rechtfertigungen (die Daten aus der Vergangenheit!), die dir dringend davon abraten, dich in fremdes Gelände zu wagen.

Nehmen wir ein Baby, das sofort nach der Geburt, aus welchen Gründen auch immer, von der Mutter getrennt wurde. Es wird die ersten Jahre seines Lebens von Heim zu Heim gegeben, und ist mal bei Verwandten, mal bei Pflegeeltern. Es hat keinerlei Orientierung, es erfährt nicht, was »zu Hause« ist. Es entwickelt eine starke Angst vor »Fremden«, weil diese das Kind, kaum daß es sich an eine Umgebung gewöhnt hat, wieder woanders hinbringen. Das Kind fühlt sich ständig hilflos den willkürlichen Aktionen anderer Menschen ausgeliefert. Dieses Kind wird nun erwachsen, es macht seinen Weg, weil es intelligent ist – doch es hat ein bestimmtes Programm gespeichert. Dieses Programm heißt: »Fremde Menschen sind meine Feinde. Fremde Menschen wollen mir Böses. Ich kann niemandem vertrauen.« Wird nun dieser Mensch vor neue Situationen gestellt, weicht er automatisch davor zurück, weil die Informationen zu diesem Thema, die sich das Gehirn aus der Vergangenheit hergeholt hat, negativ sind.

Da er sich deshalb aber nie einer Situation aussetzt, in der er feststellen könnte, daß Fremde auch hilfreich und liebevoll sein können und dann auch nicht länger Fremde sind, bleibt sein altes Programm wirksam. Und er hat weiterhin Angst vor Fremden...

Bei den meisten Menschen tritt erst einmal ein »Fluchtreflex« ein, wenn sie einer unbekannten Situation gegenüberstehen. »Nur weg hier«. Wenn du diesem Fluchtreflex *nicht* nachgibst, wenn du standhältst, anstatt zu flüchten, dann wirst du erstaunliche Erfahrungen machen. Du wirst es nicht nur »überleben«, du erfährst es auch am eigenen Leib, daß alles ganz anders sein kann als früher. Daß alles ganz anders *ist*. Die Augenblicke, in denen du das erkennst, werden zu den größten Glücksmomenten deines Lebens zählen.

»In der Schöpfung scheint es, daß Gott im Gestein schläft, in den Blumen träumt, in den Tieren erwacht und im Menschen weiß, daß er wach ist« (Yogananda).

Vereinfacht gesagt hat sich die Evolution aus dem Mineralreich entwickelt. Wir sagen von den Steinen, daß dies unbelebte Materie ist, doch wenn wir einen übergeordneten Standpunkt einnehmen, erkennen wir, daß auch ein Stein Bewußtsein ist. Er ist nicht in dem Sinne bewußt, wie wir es sind, er stellt eine Form von Bewußtsein dar, die subtil, latent ist. Materie ist die niedrigste Form von Bewußtsein, und Bewußtsein ist die höchste Form von Materie, beides ist zumindest hypothetisch austauschbar. Ein Stein wird sich weiterentwickeln, indem er durch Erosion zerfällt. Irgendwann einmal kommt etwas hinzu, das eine höhere Form von Bewußtsein darstellt. Ein Funke springt von irgendwo über, und dieser Funke schafft vielleicht etwas, das wir mit Mikroorganismus bezeichnen – Einzeller, unendlich kleine Lebewesen, aber der Beginn von Leben!

Eine Zwischenstufe ist mit Sicherheit der Kristall. Ist es nicht faszinierend, in den Juweliergeschäften graue Steine zu sehen, die aufgeschlagen worden sind und den Blick auf ihr Inneres, auf viele bunte Kristalle freigeben? Wir können uns mit ihnen nicht unterhalten, aber sie wachsen. Und Wachsen ist ein Merkmal von Leben. Da ist schon auf der niedrigsten Ebene so etwas wie Organisation: Vielleicht ist ein Felsen noch etwas Unorganisiertes (vielleicht aber durchschauen wir seine Organisation nur nicht), bei einem wachsenden Kristall jedenfalls ist dieses Prinzip erkennbar, sichtbar gewordenes Leben. Danach kommen die Pflanzen, von denen wir in unserer Unsensibilität lange angenommen haben, sie würden nichts anderes sein als zwar wachsende, aber sonst gefühllose Organismen. Spätestens seit dem hervorragenden Buch *Das geheime Seelenleben der Pflanzen* von C. Backster wissen wir, daß Pflanzen Gefühle haben, daß sie auf Lob und Liebe mit vermehrtem Wachstum reagieren, daß sie Furcht und sogar Eifersucht empfinden können. Jede Hausfrau sollte wissen, daß ihre Zimmerpflanzen auf sie reagieren, wenn sie mit ihnen spricht; Pflanzen erkennen sogar die Person wieder, die ihnen Wasser gibt! Du kannst Pflanzen mit liebevollen Worten zum besseren Gedeihen anregen, du kannst sie zu ungeahnter Blütenpracht bringen, sie »aufblühen lassen.« Sprich mit deinen Blumen, auch wenn andere sagen, daß du wohl etwas übertreibst. *Die allermeisten Menschen* sind eingeschränkt in ihrer Weltsicht, sie erkennen nicht die wahre Natur der Dinge.

Natürlich kannst du auch in der freien Natur Kontakt zu Pflanzen aufnehmen. Geh doch mal auf einen großen, mächtigen Baum zu, der dir auf Anhieb sympathisch ist. Nimm zuerst aus einer Entfernung von etwa 50 Metern Kontakt mit ihm auf. Sag zu ihm: »Hallo, Baum, es ist gut, daß es dich gibt. Ich komme jetzt, um mit dir zu sprechen, um mit dir zu sein.« Dann gehst du näher an ihn heran, auf 20 Meter, und versuchst, sein Energiefeld zu fühlen. Vielleicht bist du so sensitiv, daß du es spüren kannst. Dann geh noch näher heran, auf zehn Meter. Fühle den Baum, halte deine Hände in seine Richtung, benutze sie als Antennen und fühle, daß er »ist«. Nun gehe noch näher heran, berühre seinen Stamm, setze dich zu seinen Füßen, lehne dich an ihn und schließe die Augen. Gehe sanft und meditativ eine Verbindung mit ihm ein. Wenn du nicht ein Mensch bist, der vollkommen in seinem Kopf gefangen ist, werden seltsame Dinge geschehen. Du wirst das Gefühl haben, zu träumen. Der Verstand sagt: Das war irreal, das war Unsinn, doch ein inneres Wissen sagt dir: Mein Gott, ich habe tatsächlich mit diesem Baum kommuniziert. Er hat sich mir mitgeteilt. Ich will jetzt auch zu ihm sprechen, ihm sagen, daß ich ihn wegen seiner Stärke und seiner Anmut bewundere, daß er etwas Wunderbares ist und ihm danken, daß er mir Ruhe und Geborgenheit schenkt.

Nimm Kontakt auf zu dieser Ebene der Evolution. Sie ist nicht eine niedrigere Stufe im Sinne von minderwertiger. Du kannst viel von ihr lernen. Und hier, im Pflanzenreich, sind deine irdischen »Wurzeln«.

Danach kommt das Tierreich, eine Stufe der Evolution, mit der wir offensichtlich noch sehr verwandt sind. Hier findet sich schon sehr viel mehr Individualität, Charakter und ein höheres Maß an Freiheit. Wir können mit der Seele eines Tieres eine ganz persönliche Verbindung aufnehmen, wir können es lieben. Einem Tier aus Gleichgültigkeit oder Bösartigkeit Schmerz zuzufügen, zeugt von einem hohen Grad an Un-Bewußtsein.

Die ausgeprägten Wesensmerkmale von Tieren verkörpern auch seelische Aspekte von uns selbst. Die Treue eines Hundes, die anmutige Gefährlichkeit einer Raubkatze, die Freiheit eines Vogels – wir alle tragen Aspekte dieser Tiere in uns. Achte einmal darauf, wie oft du von Tieren träumst! Dein Unterbewußtsein nutzt diese Symbolik, um dir Botschaften zu vermitteln.

Die Grenze zwischen Tier und Mensch ist nicht so scharf, wie wir das vielleicht gerne hätten. Wann war definitiv das eine Wesen noch Affe und das andere schon Mensch? Man kann es nicht sagen, denn die Entwicklung vollzog sich fließend. Es gibt Anzeichen dafür, daß es Tiere auf unserem Planeten gibt, die uns in manchen Bereichen sogar überlegen sind. John C. Lilly, der faszinierende Experimente mit Delphinen machte, fand zum Beispiel heraus, daß diese Wesen über eine differenzierte Sprache verfügen!

Wir betrachten uns als die Krone der Schöpfung. Doch wir sind, wie es der indische Yogi und Philosoph Sri Aurobindo auch ausgedrückt hat, »Wesen im Übergang«, wir sind »ein Ruf, der wächst«.

Wir alle sind (jetzt) individuelles, spezielles Bewußtsein, unsere Heimat jedoch ist das universelle Bewußtsein und dorthin kehren wir in einem kosmischen Reigen auch einst zurück. Es gilt zu erkennen, daß wir alle, alles Lebende, lediglich eine Übergangsstufe sind. Sozusagen ein Intermezzo in der Ewigkeit. Wenn wir unser egoistisches Verhalten zugunsten eines weniger egozentrierten Charakters aufgeben, dann geschehen als erstes die angesprochenen Wunder. Es geschieht Gottgleiches, Göttliches, denn nichts anderes ist dieses Prinzipielle, Universelle, von dem wir kommen und zu dem wir zurückkehren. Nenne es, wie du willst. Nenne es das Absolute, Gott, Buddha, Tao, Licht, Geist, Allah, Brahma, es ist gleichgültig. Jeder Name ist richtig, jeder ist falsch, denn das, wovon wir sprechen, wenn von Gott die Rede ist, ist namenlos, ist ohne Anfang und ohne Ende.

Unser enormes Maß an Egoismus, unsere Kampfbereitschaft, jegliche Abgrenzung gegen andere ist ein Relikt aus unserer fernsten Vergangenheit, aus der Dämmerung der Menschheit. Damals brauchtest du aggressivere Eigenschaften, um zu überleben, *doch heute sind es genau diese Eigenschaften, die unsere Lebensqualität gefährden.* Der dumpfe Egoismus, die Rivalität, die Feindseligkeiten gegen andere – dieses »Steinzeitbewußtsein« läßt uns heute unsere Umwelt zerstören und ein unsinniges Wettrüsten fortführen. Doch selbst wenn wir alle Waffen, die wir haben, auf der Stelle vernichten würden – es wären in kürzester Zeit neue da. Es gilt nicht, die Waffen abzuschaffen, sondern erst einmal das *Bewußtsein* zu verändern, das diese Waffen ersinnt und sie für notwendig hält.

Jede Weisheitslehre, sei es christliche Mystik, Zen, Taoismus, Yoga, Sufismus, Positives Denken, indianische Naturreligion oder was auch immer – alle haben nur ein Ziel, seien die Wege dorthin noch so unterschiedlich: *das Ego zu überwinden.*

Du kannst dich gegen alle Einsichten sperren, doch dann bist du ein Dinosaurier, ein Relikt aus der Urzeit, und die Entwicklung wird über dich hinwegrollen. Denn eines Tages werden wir nicht mehr singen »We are one« (wir sind eins), sondern wir werden es *sein*-Einfach sein.

Wir können darüber spekulieren, wie die Entwicklung, wie die nächsten Stufen der Evolution tatsächlich aussehen werden, aber eines Tages wird die Veränderung da sein. Der Sprung vom Menschen zu den Göttern wird vollzogen sein. Der Yogi Satprem beschrieb es so: »*Ein ungeheures Gelächter wird die Erde erschüttern, und dann haben wir's geschafft!*«

Manchmal muß man den Blick zu den Sternen aufheben, um die Orientierung nicht zu verlieren. Du bist ein Teil dieses gewaltigen kosmischen Evolutionsprozesses, und du bist hier, um dein Bestes zu tun, diese Welt mitzugestalten. Nicht das Beste von irgendwem, sondern *dein* Bestes ist gefragt. Du bist ein notwendiger Faktor im Spiel des Lebens, du bist einer von sechs Milliarden Wegen zum Ziel. Wenn du dich klein und unbedeutend fühlst, verleugnest du das Große, den göttlichen Auftrag in dir. Falls du nicht weißt, wie und wo und was du tun kannst, so streck von nun an einfach die Hand aus, du wirst geführt werden.

»Wenn der Schläfer erwacht« (so der Titel eines Buches), dann wird er die Wahrheit sehen. Und die Wahrheit wird ihn frei machen: Alles, was du zu tun hast, ist also aufzuwachen, und aus dem Schlaf der Unbewußtheit, zum Bewußtsein deiner selbst zu kommen. Balle einmal deine Hand zu einer Faust, und jetzt öffne sie ganz langsam, bis alle fünf Finger gerade sind. Das ist ein körperliches Symbol für dein Aufwachen. Wenn du dich ärgerlich, müde, deprimiert fühlst, wenn du alles »sinnlos« findest, dann mach diese Geste. Die wird dir dein Ziel wieder vor Augen führen.

Und nun wollen wir uns mit Spaß und Elan an die Arbeit begeben. An die schönste und lohnendste Arbeit, die es überhaupt gibt: die Arbeit an sich selbst. Auf den folgenden Seiten machen wir dich weiter mit den Grundregeln des Positiven Denkens vertraut.

KAPITEL 2:

DEINE KRAFTZENTRALE UNTERBEWUSSTSEIN

Du glaubst nicht, was »wahr« ist, sondern was du glaubst, wird durch deinen Glauben für dich wahr. Dein Intellekt wirkt in mehrfacher Funktion, er ist zum Beispiel der Filter, durch den du die Welt wahrnimmst. Je nach Machtbefugnis, die du deinem Verstand einräumst, wird er dir eine verstandesgemäße Darstellung des Lebens anbieten. Oder, wenn deine Intuition und deine Spiritualität miteinbezogen werden –, kann sich eine transzendente Weltschau einstellen.

Es heißt in der esoterischen Philosophie »Wie Innen, so Außen«: Du erfährst von deiner äußeren Welt nur, was den Filter deines rationalen Verstandes passieren konnte. Du erkennst im Äußeren an Werten, was an geistigen Werten in dir vorhanden ist. Du kannst in der äußeren Welt nur jene »Dinge« verwirklichen (materialisieren), die *in dir* bereits potentiell vorhanden sind. Anders ausgedrückt: *Du mußt bereits (in dir) haben, was du verwirklichen willst.* Gewissermaßen projizierst du Inneres (Geistiges) auf die Leinwand des Raumes (Materialisation). Geist ist immer die vorrangige Wirklichkeit. Die Bibel läßt den Geist durch die Propheten sagen: »*Es gibt keine Manifestation, denn durch mich.*« Was jedoch »Geist« ist, entzieht sich noch immer weitestgehend unserem vollen Verständnis. Es ist wohl entwicklungsgeschichtlich noch zu »früh«, sich über die Beschaffenheit (Existenz, Natur) der letzten »Realität« ein Urteil zu bilden. Wie auch immer dir das Absolute erfaßbar ist, ist von den Mitteln abhängig, mit denen du sie zu erfassen suchst. Je weniger du rational suchst, desto besser lernst du das zunächst Irrationale zu erfahren. Wenn der letzte Hintergrund, sozusagen die hintergründigste Ursache Gott ist, so müssen wir diese Annahme einfach als eine zulässige Vereinfachung akzeptieren. Lerne mehr intuitiv – und weniger über den Verstand – zu verstehen. Dein rationales Wissen wird mit seiner Zunahme auch gleichzeitig dein Nichtwissen vermehren und damit zum Hindernis zwischen dir und deinen anderen Dimensionen werden.

Auf der Suche nach Erkenntnis ist es immer noch der beste Weg, sich meditativ »leer« zu machen! Alles, was sich in dir an rationalem Wissen angesammelt hat, verstellt sozusagen den Blick auf das, was ist. Alles, was an weltlichen Informationen in dir ist, verzerrt deine Objektivität ins Subjektive.

Ein anderer Begriff, der dir zum Verständnis der geistigen Natur verhelfen will, ist Bewußtsein. Geist und Bewußtsein sind miteinander verwandte Größen, über die mehr nachzudenken sich lohnt. Eine bedeutende Eigenschaft von Bewußtsein ist, daß es unabhängig von Materie, unabhängig vom Körperlichen existiert. Es kann zwar mit ihr in Wechselwirkung treten, sollte aber besser als eigenständige, ja sogar höherwertige Realität verstanden werden. Materie und Geist, Immanenz und Transzendenz sind eins, Materie als die niedrigste Form von Geist dient dem Geistigen zur Aktion in der Welt. Vielleicht liegt in dem Wort »Bewußtsein« die größte Annäherung an den wahren Hintergrund von allem, was ist. Vielleicht ist es die einzige, oder nenn es die letzte Realität, die wir jedoch in Ermangelung definitiver konkreter Beschreibung je nach Tradition Gott, das Absolute, Brahman, oder auch das Tao nennen.

So arbeitet unser Unterbewußtsein

Positives Denken ist eine tief von innen kommende Lebensanschauung, derer sich *jeder*, der bereit und offen dafür ist, bedienen kann. Wenig in unserem Leben passiert, ohne daß wir dafür die Weichen gestellt haben: Das bedeutet wiederum, daß wir für unser Handeln weitestgehend selbst verantwortlich sind. Wie aber entstehen diese Verbindungen? Wo wir doch so schnell bereit sind, unsere Mißerfolge »Zufällen«, »Umständen«, oder einfach dem »Schicksal« anzulasten. Wenn du zu erkennen beginnst, daß alles von dir ausgeht und deshalb auch wieder zu dir zurückkehrt, so hast du bereits mit dem Positiven Denken begonnen.

All die Ursachen für unser Verhalten, für unsere Gewohnheiten, für die »Zufälle«, sind in unserem Unterbewußtsein zu suchen. Es sind die vielen kleinen Programmierungen, die uns zu dem »gemacht« haben, was wir sind. Direkt beschreiben können wir das Unterbewußtsein nicht, weil wir keine vergleichbare Größe haben. Stell es dir als etwas vor, das nicht räumlich, nicht zeitlich orientiert ist, das nicht materiell existiert. Stell es dir vor wie einen Gedanken, der zwar nicht faßbar, greifbar, aber dennoch vorhanden ist.

Das Unterbewußtsein ist – im übertragenen Sinn – unter dem Bewußtsein. Das Unterbewußtsein verfügt über enorme Eigenschaften: es liebt Unterhaltung, körperliche Gefühle, wie beispielsweise Essen, Sex, in der Sonne liegen, und es liebt die *Wiederholung* dieser Unterhaltung. Es hat die Eigenschaft einer Tonbandkassette. Es ist die Aufgabe eines Tonbandes, zu speichern, festzuhalten und auf Abruf das Gespeicherte wiederzugeben. Du kannst dein Unterbewußtsein auch mit deinem Bankkonto vergleichen. Alles, was du dort deponierst, bleibt dort, ja, wird sogar mehr. Das gilt für die Soll- wie für die Habenseite. Kassette und Bankkonto haben gemeinsam, daß es ihnen egal ist, was du speicherst oder deponierst. Und ebenso arbeitet dein Unterbewußtsein. Es speichert deine Gedanken, und es ist ihm unwichtig, von welcher Qualität sie sind. Es arbeitet überpersönlich, das heißt neutral, es hat weder die Fähigkeit noch das Recht, darüber zu urteilen, ob das, was du denkst, gut ist oder nicht. Es arbeitet wie ein dienstbarer Geist, der die Wünsche seines Herrn erfüllen möchte und so führt es alle Befehle des Bewußtseins aus, die ihm von dir in Form von Gedanken, Wünschen, Ideen vorgesetzt werden.

Es heißt: *Du bist, was du denkst* und in diesem Sinne hast du durch *dein Denken* dem Unterbewußtsein alle wahren oder unwahren Ansichten über die eigene Fähigkeit beigebracht. Nur wenn du also dein Bewußtsein mit klaren positiven Gedanken erfüllst, kann dieses dem Unterbewußtsein positive »Muster« vermitteln. Es kann nur durch unsere Gedanken beeinflußt und geändert werden. Wir sollten verstehen lernen, *daß es nicht unterscheidet, sondern nur aufnimmt, speichert, wiedergibt, sozusagen deine Exekutive ist.*

Und jetzt sind wir schon an dem entscheidenden Punkt angelangt, der interessanterweise gerade wegen seiner Einfachheit schwer zu verstehen ist. Denkst du destruktiv, so *muß* das Unterbewußtsein aufgrund seiner einfachen Struktur annehmen, daß du *destruktiv sein willst.* Und es beginnt, das Destruktive zu verstärken, es anzuziehen, es zu materialisieren. Redest du von Krankheit, so schließt das Unterbewußtsein daraus, daß es das ist, was du möchtest. Es ist seine Aufgabe, deine Gedanken zu realisieren. Sprichst du von Gesundheit, so fängt das Unterbewußtsein mit derselben Intensität an, diese Gedanken zu materialisieren.

Das Unterbewußtsein hat den Auftrag, dein Bewußtsein von Informationen freizuhalten, die du nicht ständig parat haben mußt. Dadurch bleibt dein Bewußtsein frei für seine Hauptaufgabe: kreativ zu sein. Hätten wir alle unser Wissen ständig im Bewußtsein, dann wäre diese Kreativität empfindlich beeinträchtigt. Wir wissen also jetzt, daß das Unterbewußtsein als Transformator arbeitet. Ein Gedanke ist eine geistige Größe, eine höhere geistige Dimension, in der weder Raum noch Zeit existieren. Das Unterbewußtsein formt (transformiert) diese geistige Vorstellung um, transferiert sie gewissermaßen aus der geistigen Ebene in die weltliche. *Wenn wir ein Ziel haben, so sind wir bereits auf dem Weg, denn nur wer ein Ziel hat, kann ankommen.* Es ist also wichtig, daß du weißt, was du willst. Du kannst deine Wünsche individuell gestalten oder auch allgemein gültige Ideale für dich in Anspruch nehmen. Wichtig ist also: *Ein Ziel haben heißt, auf dem Weg sein* und mehr ist nicht nötig.

In der Werkstatt deines Geistes werden Aufträge nur in bildhafter Form angenommen, d. h., die Sprache des Unterbewußtseins ist bildhaft. Es versteht kein einziges Wort – es versteht nur die Bilder, die hinter jedem Wort, jedem Gedanken stehen. Wenn du beispielsweise einen fremdsprachigen Satz auswendig lernst, von dem man dir gesagt hat, daß er bedeutet: »Ich sehne mich von ganzem Herzen nach Gesundheit« – dann speichert das Unterbewußtsein mit diesem Satz die Vorstellung »Gesundheit« und setzt ihn in eine bildhafte Vorstellung von Gesundheit um.

»Die Fähigkeit von Kindern, in phantasievollen Bildern zu denken, geht oft im Lauf der Jahre verloren. Wenn wir heute vor die Aufgabe gestellt werden, bildhaft zu denken, erscheint uns dies manchmal schwierig. Das sollte dich aber nicht beunruhigen, jeder Mensch hat die Fähigkeit, Bilder vor seinem geistigen Auge entstehen zu lassen. Stell dir einen Wunsch vor, z. B., daß du die Fahrprüfung bestehst. Male dir in Gedanken aus, wie du sicher und ruhig zur Prüfung gehst, wie du die Aufgaben, die dir der Fahrlehrer gibt, spielend meisterst. Du siehst, wie du bereits beim ersten Anlauf in die Parklücke kommst, wie du souverän die Vorfahrtstraßen beachtest. Spürst du schon deine Gelassenheit und Ruhe? Nun steigst du aus, der Fahrlehrer beglückwünscht dich und übergibt dir den Führerschein.

Die Vorstellung einer Handlung ist fast gleichwertig mit der Ausführung selbst. Die gedankliche Vorstellung ist die wichtigste Hilfe für die Vervollkommnung der Persönlichkeit. So konnte in einem Experiment nachgewiesen werden, daß die rein gedankliche Übung des Bogenschießens – genügend lange durchgeführt – zur gleichen Vervollkommnung der Treffsicherheit führt wie das tatsächliche Bogenschießen selbst. Erfolgreiche Männer und Frauen haben schon zu allen Zeiten ihre Imagination in Rollenspielen zu ihrer Entwicklung benutzt. Napoleon übte jahrelang in Gedanken die Kriegskunst aus, ehe er die erste Kampfhandlung selbst leitete. Er sah sich als Kommandeur der Insel Korsika und übte Schlachten mit mathematischer Genauigkeit. Baron Hilton führte in Gedanken schon eines seiner Riesenhotels, lange bevor er sich überhaupt ein Hotel kaufen konnte. Als Junge spielte er gern Hoteldirektor. Du sollst natürlich weder Napoleon spielen noch Mr. Hilton sein, du sollst du selbst sein mit *deinen* Wünschen und Zielen.

Du siehst, das Unterbewußtsein funktioniert ganz einfach: *Habe eine klare Zielvorstellung und du bist auf dem Wege*. Du solltest die geistige Entsprechung dessen, das du haben willst, in dir haben. So einfach dieser Satz auch klingt, so schwierig mag er zu verstehen sein. Verinnerliche diesen Gedanken in seiner ganzen Bedeutung, denn diese Erkenntnis ist notwendig für die Arbeit an dir selbst. Er ist der Boden für die Saat, die alsbald aufgehen wird. Wiederhole: *Ich habe die geistige Entsprechung meiner Wünsche in mir!* Das heißt: Meine Gedanken sind bereits da, jetzt folgt deren Realisation!

Man kann das Unterbewußtsein mit einem Garten vergleichen, bei dem wir als Gärtner entscheiden, was wir daraus machen: einen Urwald, eine Monokultur oder einen Garten Eden. Wir haben die Wahl, und – zugegeben – es ist eine schwierige, unbequeme Entscheidung, die aber für jeden von uns einmal fällig wird. Haben wir gewählt, dann haben wir damit begonnen, den Garten zu gestalten. Wir entfernen die Steine, schaffen Bewässerungsmöglichkeiten und anderes mehr. Ebenso ist es mit der Arbeit an uns selbst. Wenn wir uns entschieden haben – und du hast das schon getan, wenn du bis hierher gelesen hast –, dann werden wir anfangen, die Hindernisse in uns ausfindig zu machen, und uns daran machen, sie abzubauen. Negative Programmierungen, Frustrationen, Ängste und Aggressionen können wir gezielt abbauen, und wir können uns eine positive Einstellung zu uns und unserer Umwelt erarbeiten.

Gestalte deine Zukunft selbst

Nachdem wir nun etwas über die Funktionsweise des Unterbewußtseins wissen, sollten wir uns jetzt mit uns selbst beschäftigen. Überprüfe zunächst deine Gedanken. Erlebst du es nicht oft, daß deine *Befürchtungen* eintreffen? Kaum hustet jemand in deiner Nähe, denkst du: »Hoffentlich bekomme ich keine Erkältung.« Spürst du dann ein Kratzen im Hals, dann nimm zu dem »alten« Wissen hinzu, daß du deinen Husten nicht nur von deinem Nachbarn hast, sondern daß deine Gedanken an Erkältung dein Unterbewußtsein erst auf Erkältung programmiert (vorbereitet) haben. Dein Unterbewußtsein hat nur erfolgreich gearbeitet und deine Befürchtungen realisiert. Es heißt schon in der Bibel: »Was du befürchtest, wird über dich kommen, und nach deinem Glauben wird dir geschehen.«

Eine Grundvoraussetzung für deinen Erfolg ist der Glaube an die Erfüllung deiner Wünsche. Solange du Zweifel hast, kein festes Ziel vor dir siehst und du innerlich schwankst, solange kann auch deine schöpferische Kraft in dir nicht für dich wirksam werden. Innerlich zerrissen und unsicher, bleibst du auf der Stelle stehen und kommst nicht voran. Der geistige Zwiespalt lähmt deine Kraft, splittet sie und zermürbt dich. Werde zu einer geistigen *Einheit* und handle aus ihr, dann wirst du auch einen geraden Weg sehen, einen Weg zur Sonnenseite des Lebens. So wie du deinen Partner, deine Freunde und deinen Beruf aussuchst, so solltest du auch »Ausschau« halten nach: Frieden, Harmonie, Erfüllung, geistigem und materiellem Reichtum.

Triff deine persönliche Wahl – trenne dich von deinen negativen Weggefährten –, wähle bewußt das Positive, das Schöne und Beglückende. Sage ja zu deinem Leben, zur Freude, zu Glück und Erfolg. *Denke folgerichtig, dann handelst du auch richtig.* Wenn du eine Fehlentscheidung getroffen hast, dann basiert sie auf falschen Informationen. Nicht Gott oder eine andere Macht führt dich in die Irre oder bestraft dich, sondern du selbst hast durch dein Denken dein Unterbewußtsein angewiesen, deine negativen Gedanken zu verwirklichen. Nimm den heutigen Tag als das Ergebnis deiner Gedanken aus der Vergangenheit. Vielleicht hattest du negative Gefühle, vielleicht hast du negativ gedacht, und folglich sind dir dann auch die Probleme begegnet, die du selbst (durch dein Denken) erschaffen hast! Du hast das, was dir heute begegnet, über das Gesetz der Resonanz in dein Leben gezogen. Was du heute denkst, wird sich morgen realisieren. Heute ist das Ergebnis deiner vergangenen Gedanken, morgen das deiner heutigen Gedanken. Kreiere, erschaffe das, was du morgen möchtest. Es ist nie zu spät, deine Lebensqualität aktiv zu verändern.

Manchmal kommen enttäuschte Menschen in die Praxis und berichten, daß sie trotz positiver Suggestionen keinen Erfolg erzielen konnten. Diese Menschen haben nicht den Boden für die Suggestionen bereitet. Niemand wird den schönsten Samen auf ein Feld voller Disteln und Steine werfen und ein üppiges Blumenfeld erwarten. Jeder weiß, daß der Boden für ein Blumenbeet vorbereitet werden muß, aber nur wenige machen sich bewußt, daß für die Blumen des »Lebens« auch erst die Grundlage geschaffen werden sollte. Erst die Einsicht in diese Zusammenhänge ermöglicht eine wünschenswerte Änderung. Verdeutliche dir Ursache und Wirkung, setze diese Wahrheit um, und dann solltest du mit der praktischen Arbeit beginnen. *Sorge dafür, daß das kommt, was du liebst, andernfalls mußt du lieben, was kommt.*

Du willst deine Zukunft selbst gestalten, und nicht darauf warten, was sie bringt? Dann solltest du von jetzt an dein Unterbewußtsein über deine Wünsche – klar und bildhaft – informieren. Mache dabei nicht den Fehler, dich mit den Dingen zu beschäftigen, die du loswerden willst. Es ist niemals möglich, Probleme loszuwerden, indem du dich mit ihnen befaßt. Sich mit Problemen beschäftigen heißt, sie zu vergrößern. Denken ist ein schöpferischer Vorgang und es ist nicht möglich, etwas wegzudenken. Dein Geist ist immer kreativ, *was du also denkst, das wirst du hervorbringen!*

Sage zu den Sorgen deiner Vergangenheit: »Vergangenes ist vergangen, und so sollte es bleiben.« Eigentlich wäre ein »Vergeßnis« manchmal viel hilfreicher als ein Gedächtnis. Wir sollten imaginieren, was wir wollen, anstatt Nicht-Wünschenswertes zu bemängeln. Stell dir vor, daß das, was du möchtest, da ist, und als logische Folge das, was du nicht willst, auflöst.

Ein gutes Beispiel bietet auch hier wieder die Krankheit – ein Zustand, den wohl jeder von uns kennt. Du bist also krank, deine Krankheit ist dir unangenehm. Du beschäftigst dich deshalb mit deiner Krankheit, und sie erhält dadurch einen höheren Stellenwert in deinem Leben – und sie wird sich so lange weiter ausbreiten, wie du dich mit ihr beschäftigst. Sich ständig mit dem Problem zu beschäftigen, ist der wahre Grund, warum Kranke kränker und Arme immer ärmer werden.

Sobald du das System zu durchschauen beginnst, beschäftigst du dich anstatt mit dem Negativen mit dem Positiven, mit deiner Gesundheit anstatt mit deiner Krankheit. Und da alles, womit du dich befaßt, nur größer werden kann, wird deine Krankheit automatisch kleiner in dem Maß, in dem deine Gesundheit sich (in deinem Geist) ausbreitet. Befasse dich mit Gesundheit, mit gesundem Essen und gesunden Getränken. Stell dir vor, wie du gesund aussiehst, und du bist auf dem Weg. Dasselbe gilt natürlich auch für deine Schulden, für Probleme jeglicher Art.

Wenn du dir also deine positiven Suggestionen erarbeitest und sie dir jeden Tag eingibst, dann treffen diese Suggestionen zuerst auf die Anhäufung von Negativem, die jeder von uns seit der Kindheit in sich trägt. Diese negativen Programmierungen haben wir nicht nur durch unsere Erziehung, wir alle werden täglich auf eine sehr destruktive und gefährliche Art beeinflußt. Stell den Fernseher an, blättere in der Zeitung. Was findest du?

Überwiegend negative, und das heißt angstmachende, Nachrichten und Szenarien. Deine persönlichen Suggestionen sind zunächst wie ein Tropfen auf den heißen Stein, aber bekanntlich sind es stete Tropfen, die den Stein höhlen.

In uns allen steckt oft noch so viel Widerstand, so viel Destruktives, das sich positiven Suggestionen eventuell noch lange widersetzt. Daher hier drei Möglichkeiten, diesen Widerstand abzubauen und raschere Erfolge zu erzielen:

- *Auflösen* durch Autosuggestion oder Hypnose (Regression).
- *Verzeihen*: Es ist eine Frage der seelischen Reife, ob du das willst. Es ist der Königsweg zu verzeihen – für den, der es wirklich kann.
- *Dankbarkeit*, daß alles das, was war, das Beste war, was dir geschehen konnte, das ist Positives Denken im Original. Alles was jetzt ist, hat dir geholfen, das zu sein, was du heute bist, ein bewußtes Wesen reich an Erfahrungen. Es gibt im Positiven Denken nichts Negatives, alles hatte Sinn und Notwendigkeit, um zur höchsten Erkenntnis zu gelangen.

Was ist Hypnose?

Wir möchten auf die erste Möglichkeit, die Hypnose, näher eingehen. Denn gerade hier gibt es so viele falsche Vorstellungen. Der Sinn der Hypnose ist unter anderem, den Patienten durch bestimmte Techniken in die Kindheit oder in entscheidende Lebenssituationen *zurückzuführen.* Wenn beispielsweise jemand schwer verletzt und mit einem Schock einen Autounfall überlebt, bei dem der Wagen Feuer fing, kann im Rahmen einer Hypnosetherapie dieser Schock leichter aufgearbeitet werden, als das bei den meisten anderen psychotherapeutischen Verfahren möglich ist. Der Patient wird in der Hypnose noch einmal vorsichtig in diese Situation geführt. Natürlich hat er Angst vor diesem schrecklichen Gedanken und würde ihn lieber weiter verdrängen, als ihn aufzuarbeiten. Wir führen ihn deshalb erst einmal in die Umgebung des Unfalls, lassen ihn vom Hubschrauber aus zuschauen und gehen dann langsam näher an das Geschehen heran, bis er innerlichen Abstand gewinnt, indem er *tatsächlich* zur Kenntnis nimmt, daß er gerettet wurde und es jetzt besser wäre, ein Vergeßnis zu entwickeln anstatt voller Angst weiter in der Aura dieses Erlebnisses zu verbleiben. Wir helfen ihm in dieser Situation, er kann sich dadurch von seiner Angst und deren Folgen lösen – er kann dann wieder ohne Furcht Auto fahren und wird nicht mehr blaß beim Anblick von Feuer.

Das gleiche geschieht bei Verhaltensstörungen, deren Ursachen in der Kindheit zu suchen sind. Wenn einem Kind ständig gesagt wird, daß es dumm, häßlich oder unfreundlich ist, dann ist es kein Wunder, wenn sich in diesem Kind diese negativen Suggestionen festsetzen. Außerdem erscheint ein Kind häßlich, unfreundlich und dumm, weil es genau dieses Verhalten aus seiner Umwelt übernommen, also abgeschaut hat. Die Eltern sind meist das Vorbild für das, was dann vom Kind nachgebildet wird! Der kritisierende Erwachsene bekämpft beim Kind *seine* Dummheit, *seine* Häßlichkeit, *seine* Unfreundlichkeit. Es ist auf jeden Fall dumm, jemandem zu sagen, er sei dumm. Später erkennt der Mensch zwar diese Zusammenhänge, kann sich aber allein nicht von den jahrelangen Zurückweisungen und destruktiven Grundmustern lösen. Er braucht Hilfe von außen, um wieder frei zu sein.

Im Verlauf der Therapie gehen wir zurück in die Kindheit (Regression), vollziehen die schmerzhaften Situationen nach und können oft tief verwurzeltes Leid auflösen.

Angestrebt wird durch dieses Zurückführen ein *wachsendes Bewußtsein* um die eigene göttliche Natur, frei von Frustrationen und Traumata. *Selbsterkenntnis ist das Ergebnis eines langen*

Weges des Sich-selbst-bewußt-Werdens und zu lernen, dem Erkannten zu vertrauen.

Der Patient findet zu seiner Mitte, erkennt, daß er enorm viel positive Energie besitzt, die sich aber erst jetzt – nach Auflösung dieser hemmenden, vergangenen Erfahrungen – frei entfalten kann. Er lernt loszulassen, kann sich akzeptieren und beginnen sich zu lieben. Es ist ein wahrhaft beglückender Augenblick, wenn man die Veränderungen sieht, die in den nur zehn Tagen einer Therapie vollzogen werden können. Unglückliche, im wahrsten Sinne des Wortes gebeugte Menschen verlassen die Praxis aufrecht, mit elastischem Gang, eine positive Ausstrahlung umgibt sie – sie haben ihr *Selbstbewußtsein* gefunden, sind frei und sicher und wissen, daß sie die Probleme, die sich ihnen stellen, lösen werden. Sie haben erkannt, daß sie dankbar sein können für jedes Problem, weil sie gelernt haben, daß in allem eine Erkenntnis verborgen lag.

Das Wort Hypnose hat für viele Menschen etwas Geheimnisvolles. Viele stellen sich darunter einen Zustand ähnlich einer Narkose vor, bei dem sie weder fühlen noch wissen, was sie tun; daß sie einfach schlafen und wieder aufwachen, ohne sich zu erinnern, was in der Zwischenzeit geschehen ist. Hypnose ist etwas völlig anderes – es ist ein Zustand tiefer Entspannung, eine Zwischenstufe zwischen Wachen und Schlafen; ein Zustand immer tiefer werdenden inneren Friedens. Notwendig dafür ist lediglich die Bereitschaft, sich zu öffnen, und das Vertrauen in den Therapeuten.

Es gibt generell drei Tiefen oder Phasen in der Hypnose: In der oberen bis mittleren Tiefe wird eine Therapie durchgeführt, wobei der Patient alles um sich herum registriert, das Geschehen aber nicht unbedingt verstandesorientiert einordnen, beeinflussen will. Er kann mechanische Handlungen, wie die Augen öffnen oder den Arm heben, nicht mehr so leicht durchführen. Er wird nicht durch seinen rationalen Verstand gehemmt; seine seelischen Kräfte und sein Gedächtnis sind frei und lassen längst vergessene Situationen wieder aufleben. Alle Situationen seines Lebens können in plastischen Bildern erscheinen. Der Patient ist in der Lage, sich in Problemsituationen, egal wie weit sie zurückliegen, zurückzuversetzen – in Situationen, die für ihn kritisch waren, die sein Leben beeinflußt und geprägt haben und die er nicht vergessen kann, die er nicht aufgearbeitet hat. Es tauchen Situationen auf, die er verdrängt hat, weil sie unangenehme Erinnerungen in ihm wachrufen oder weil er seelisch oder körperlich verletzt wurde. Im Zustand des entspannten Betrachtens ist er in der Lage, diese Situationen noch einmal nachzuvollziehen. Eine Situation neu zu bearbeiten heißt, sie von innen heraus zu verstehen, sie sozusagen neu einzuordnen und ihr damit einen neuen Stellenwert beizumessen. Es sind die vielen Erlebnisse, an die wir uns oft nicht »erinnern« können. Weil sie verdrängt wurden, beherrschen sie uns sozusagen aus dem Exil. Verdrängte Gefühle lösen Ängste aus, verursachen Komplexe und sind ein idealer Nährboden für Neurosen jeglicher Art.

Es gibt dann noch die dritte und tiefste Phase der Hypnose – den sogenannten somnambulen Bereich. Nur sehr wenige Menschen überhaupt können aufgrund ihrer Veranlagung in einen so tiefen Trancezustand gelangen, daß sie für ihre Außenwelt nicht mehr erreichbar sind. Dieser Bereich ist für eine Therapie nicht geeignet, da der Patient geistig so weit entfernt ist, daß er das Wort des Therapeuten und damit die Suggestion nicht aufnehmen kann. Allein schon deshalb scheidet diese – für viele Menschen mit Unbehagen empfundene – Phase für eine Therapie aus. Eine veraltete Vorstellung über Hypnose beruht auf der längst überholten Anschauung, daß nur dieser Tiefenzustand Hypnose sei. Es hat sich jedoch längst erwiesen, daß diese tiefste Stufe keinen therapeutischen Erfolg bringt.*

* Für ausführlichere Informationen zum Thema Hypnose und ihre Möglichkeiten siehe Erhard F. Freitag, *Kraftzentrale Unterbewußtsein,* München: Mosaik bei Goldmann, 1998.

So arbeitest du erfolgreich mit Suggestionen

Wir wollen uns nun mit Suggestionen befassen. Voraussetzung für ein gutes Wirken der Suggestionen ist ein *tief entspannter Allgemeinzustand.* Je mehr du alltägliche Gedanken abschalten kannst, je lockerer und gelöster du bist, desto bereiter ist dein Unterbewußtsein, Worte (Suggestionen, Affirmationen), die du ihm eingibst, aufzunehmen. Erarbeite dir deine Suggestionsformel, indem du in positiven Worten deine Wünsche formulierst. Dabei solltest du nicht zu sehr ins Detail gehen, sondern darauf vertrauen, daß die Weisheit deines Unterbewußtseins den richtigen Weg für dich finden wird. Je häufiger du dann diese Affirmation anwendest, desto tiefer prägt sie sich ein. Die beste Zeit, dein Unterbewußtsein über deine Ziele zu informieren, ist die Zeit vor dem Schlafengehen und die Zeit vor dem Aufstehen – es ist die Zeit, in der sich die Tore des Unterbewußtseins öffnen. Aber auch tagsüber solltest du deine Formel so oft wie möglich anwenden. Überprüfe nicht jeden Tag, ob du Fortschritte gemacht hast und wieviel du erreicht hast – so wie du täglich auf der Waage dein Gewicht überprüfst. Glaube und vertraue, laß dir etwas Zeit, habe Geduld mit dir selbst. Behalte die gleichen Worte bei und vergiß nicht, daß dein Unterbewußtsein die bildhafte Sprache am besten versteht. Stell dir die Erfüllung deiner Wünsche vor. Du wirst merken, daß du dich positiv veränderst und daß sich dadurch dein Leben wandelt.

Sei du selbst, du bist nicht auf der Welt, um so zu sein, wie andere dich haben wollen. An der Veränderung in deiner Umwelt kannst du deine eigene Veränderung erkennen. Stell dich auf die Sonnenseite des Lebens – laß dich nicht von Zweiflern und notorischen Pessimisten verunsichern, sie arbeiten ebenfalls mit Suggestionen, aber mit negativen. Betrachte deine Wünsche als realisierbar, und sie werden zur Realität werden. Jedem geschieht nach seinem Glauben – wenn du also davon überzeugt bist, daß du dein Ziel erreichst, dann wird das dafür Notwendige geschehen. Du wirst wie von einer unsichtbaren Macht geführt werden und dein Ziel erreichen.

Suggerieren bedeutet Gedanken *wiederholt* denken. Es ist eine besondere Form des Denkens, des Erschaffens, des Kreierens. Es ist ein Herbeiziehen von erwünschten Situationen – niemals das Gegenteil. Wenn wir dir sagen: »Stelle dir den Eiffelturm nicht vor« – was siehst du dann vor deinem geistigen Auge? Den Eiffelturm natürlich! Und je lauter wir rufen: »Stell ihn dir *nicht* vor«, desto deutlicher siehst du ihn. Also wirst du ihn dir ganz tief und fest einprägen. Du kannst weder ihn noch irgend etwas wegsuggerieren. Deshalb ist gerade für die Arbeit mit Autosuggestionen sowohl Disziplin als auch einige Übung notwendig. Aber der Aufwand lohnt sich bestimmt. Einige Menschen machen trotz dieser Hinweise den Fehler, daß sie Worte wie »keine« oder »nicht« verwenden. Das Unterbewußtsein versteht diese Worte nicht und negiert sie. Der Sinn des Satzes verkehrt sich dann sehr leicht in das Gegenteil. Wenn du sagst: »Ich habe keinen Hunger«, versteht das Unterbewußtsein: »Ich habe Hunger.« Die Folgen kannst du dir ausmalen. »Ich habe keine Schmerzen mehr«, heißt also: »Ich habe Schmerzen mehr.« Also keine Verneinungen. Suggestionstechnik heißt auch viel richtiger im Englischen Affirmation – *Bejahung!*

Hier eine Erfahrung, die Erhard machte:

»Vor ein paar Tagen hielt ich einen Vortrag vor meinen Patienten und sprach etwa zehn Minuten davon, wie wichtig es ist, nichts zu verneinen. *Ich sagte also in verschiedenen Variationen, daß wir jetzt nur davon reden werden, was wir wollen, daß es* ist, *daß jede Form des Problemdenkens nur mehr Probleme schafft und sie nicht beseitigt.* Ich warnte also eindringlich davor, jetzt oder auch später Problemlösung betreiben zu wollen. Ich sagte, daß die meisten Menschen Probleme haben, weil sie von kaum etwas anderem als ihren Problemen reden. Da geschah etwas für mich wieder einmal sehr Lehrreiches. In meinem zweiten Buch schilderte ich die junge Heilpraktikerin, die bei der Prüfung durchfiel, weil sie sich suggerierte: ›Ich lerne und *behalte* alles‹ – was dann auch tatsächlich geschah, nämlich, daß sie das Erlernte in der Prüfung für sich behielt. Genauso wie damals gab es auch an diesem Tag wieder eine neue Erfahrung, etwas Wichtiges zu lernen, als nämlich eine junge Frau aufstand und den Raum verließ. Im Flur wurde sie von einer Mitarbeiterin angesprochen und gefragt, warum sie denn ginge. Die Antwort verblüffte mich später außerordentlich und bestätigte mir doch zum hundersten Male die einfache, simple Arbeitsweise des Unterbewußtseins eindrucksvoll aufs neue. Frau Sylvia G. sagte: ›Ich muß jetzt da raus, denn die reden gleich von Problemen, und davon habe ich weiß Gott selbst genug.‹ Sie hatte – ich hätte es wissen müssen – nicht gehört, daß ich sagte, wir reden jetzt *nicht* von Problemen. Vom Wort *nichts* hatte sie nicht gehört!«

Negatives wird sich in dem gleichen Maße verkleinern, wie das Positive sich in dir ausbreitet. Du brauchst also nichts wegzusuggerieren, denn es verschwindet von selbst. Außerdem müßtest du unweigerlich negative Worte benutzen, und die Konsequenzen wären dann fatal. Wende dich also nicht mit deinem Problem an das Unterbewußtsein, sondern mit der Lösung – das ist ja dein Ziel.

Werde der, der du bist!

Wir wollen hier einmal den Begriff »Ego« ein wenig beleuchten. Je weniger du egozentrisch denkst, desto mehr wird dein Denken natürlicherweise auf das Allgemeinwohl gerichtet sein. Je intensiver du egoistisch denkst und handelst, desto mehr werden die anderen dich beneiden und versuchen, dir das, was du erreicht hast, wegzunehmen. Es gibt zwei Arten von Egoisten. Der naive Egoist sammelt in seinem Leben soviel wie möglich an. Er wird von seinen Mitmenschen zwar bewundert, schafft aber über entstehenden Neid oft eine negative Atmosphäre. Im Gegensatz dazu steht der kluge Egoist. Er wirkt vornehmlich im Interesse vieler, er gibt von dem, was er geschaffen hat, gerne und freiwillig. Seine Mitbürger helfen ihm, denn sie wissen, daß sie durch ihn weiterkommen und durch ihn gefördert werden. Laß einfach das Wort Ego weg – laß es dir zur Freude werden, anderen zu helfen, sie teilhaben zu lassen an deinen Gedanken und den positiven Folgen dieser Gedanken. Es ist nicht deine Aufgabe, für andere dazusein, aber es ist sehr wohl deine Aufgabe, dafür zu sorgen, daß andere dich an deinen Früchten erkennen können und du ihnen als gutes Beispiel dienst.*

Wir wollen gar nicht verschweigen, daß es sicherlich nicht immer ganz leicht ist, oft oder gar immer mit gutem Beispiel voranzugehen. Es ist vielen so beschwerlich, daß sie es nicht für sonderlich erstrebenswert halten. Sie setzen lieber andere auf dieses Schemelchen, auf die sie dann ihre eigenen Erwartungen projizieren können. Sei Vorbild, aber streng dich nicht zu sehr dabei an, laß geschehen, du wirst zur rechten Zeit am rechten Ort sein, du brauchst nur du sein, das ist genug, wenn es mit der rechten Einstellung verbunden ist. Du bist ein Individuum. So wie du bist, ist es gut. Also höre auf, auf die anderen zu schauen, und zu versuchen, so zu sein, wie sie wollen, daß du sein sollst. Arbeite an dir und an deinem Weg, der dich zu neuen Erkenntnissen führen wird und in dir ein Licht entzündet, ein Licht, das mit zunehmender Erkenntnis heller und strahlender wird – bis du eines Tages ganz von diesem Licht durchdrungen bist, und ein Licht bist, das keinen Schatten wirft.

Alles, was du in deinem Leben erreichen kannst, ist, ein Ausdruck göttlicher Schöpferkraft zu sein. Wenn du deinen Blick schulst, dann wirst du bemerken, daß das Gute, das du äußerlich

* Mehr zum Thema Ego, siehe Erhard F. Freitag, *Diesseits der Wirklichkeit,* Bergisch Gladbach: Bastei Lübbe, 1997.*

an einem Menschen siehst, auch innerlich vorhanden ist. Innere Harmonie zeigt sich auch in äußerer Harmonie. Deshalb behaupten wir auch, daß materieller Mangel ein Mangel an geistiger Aktivitäten ist. Es fehlt vielen der Wille, das eigene Potential zu ergründen und folgerichtig einzusetzen. Wenn du erfolgreich sein willst, dann solltest du bewußt sein, das heißt, *dir deiner Möglichkeiten bewußt sein.* Das bedeutet Vertrauen – ein unbeirrbares, tiefes Vertrauen in dich und deine eigenen Fähigkeiten – zu entwickeln. Du kennst dich am besten, du kennst deine Talente, deine Wünsche und Bedürfnisse, wer also ist dir näher, wer ist vertrauenswürdiger für dich, als du selbst! Wenn du dieses Buch bis zum Ende durcharbeitest, dann kann man mit Recht sagen, du hast dich selbst erfahren, und mit dieser Erfahrung gibt es kein unüberwindliches Hindernis auf dem Weg zum Erfolg. Du hast die Verantwortung für dich und dein Leben akzeptiert, es ist dir etwas ganz Selbstverständliches geworden. Du hast dich entschieden für dein Leben, für dein Ziel. Du wirst Erfolg haben in allen Bereichen, die für *dich* wichtig sind.

Erfolgreich sein bedeutet, ein glückliches Leben zu führen, ein Leben mit wahren Freunden, ein Leben ohne all die Zwänge, die du dir oft unbewußt selbst gemacht hast. Du solltest immer wissen, daß dir niemand Grenzen setzen kann – nur du selbst bist es, der dich fördert oder hindert. Du wirst spüren, wie beflügelt und leicht du deine täglichen Aufgaben angehst und sie meisterst, wenn du erst einmal gelernt hast, loszulassen von alten, destruktiven Vorstellungen.

Loslassen von den Zwängen des Alltags, die du dir gemacht hast, ist der erste Schritt, der dich zur Fülle des Lebens führt. Du stellst durch Loslassen sozusagen in dir den Raum zur Verfügung, der zu werden, als der du gedacht bist. Dir kann prinzipiell niemand etwas aufzwingen – du alleine errichtest dir deine Grenzen, oder bereitest dir den Himmel auf Erden. Deshalb ist das Loslassen von alten, überholten Vorstellungen ein wichtiger Baustein zu deinem Erfolg. Du kannst deine Stärke spüren, deine Kräfte fließen frei, und Harmonie durchströmt dich, wenn du loslassen, geschehen lassen kannst. Der Gedanke, daß du es selbst in der Hand hast, wie dein Leben verlaufen wird, wie groß dein Erfolg sein wird, macht dich frei und sicher. Du vertraust auf deine Kraft, auf die unerschöpfliche Instanz in den Tiefen deiner Seele.

Du wirst mit dieser Arbeit an dir selbst in die Werkstatt deines Geistes hinabsteigen, dich finden – aber du wirst auch den Schöpfer in dir finden, denn du und der »Vater« sind eins, wenn auch in der Erscheinungsform von zwei. Der Glaube an deinen Erfolg basiert auf dem Wissen, daß alles, was du bist und einst sein wirst, vom Leben gewollt ist. Deine ganze Kraft und Energie ist dir von der großen schöpferischen kosmischen Macht gegeben und sie hilft dir zu sein, wie du sein willst. Es ist eine Kraft, die aus dir heraus und durch dich wirkt. Es wird dein Glaube sein, der dir hilft, Berge zu versetzen, wenn es an der Zeit ist! Wenn sich dir diese Erkenntnis eingeprägt hat, dann siehst du deinen Weg klar vor dir, dann bist du hinübergewechselt von der Schattenseite auf die Sonnenseite des Lebens.

Bevor wir jetzt zu einigen praktischen Übungen kommen, die dir deinen Weg zum Erfolg erleichtern und die dir neue Impulse und Anregungen geben, sollst du die Schritte, die wir bisher gemeinsam zurückgelegt haben, überdenken, sie auf dich wirken lassen. Vergiß einmal alles, was dich belastet, was dich kränkt, dich verletzt, dir Sorgen und Kummer bereitet – mach dich frei von negativen Gedanken. Du kannst es, wenn du es willst. Es ist ein wichtiger Schritt, damit du zum Guten in dieser Welt finden kannst. Diese Arbeit ist die bestbezahlte Arbeit der Welt, ihr Lohn ist deine Freiheit, zu sein, wie du sein willst. Wir können dich begleiten, indem wir dir Hilfestellung geben, dir unsere Erfahrung und unsere Erkenntnis vermitteln, dich unterstützen, aber die Arbeit selbst läßt sich nicht delegieren.

Machst du mit, dann gehst du in die richtige Richtung und hast bereits den ersten Schritt getan, und wie es heißt: Der nächste Schritt erfolgt zugleich. Vielleicht siehst du es dann schon vor dir – zwar noch weit entfernt und ganz klein –, das helle Licht, das nur für dich leuchtet. Dieses Licht wird jeden Tag ein bißchen heller, es wird immer strahlender werden und dir bis zu deinem Ziel dein Wegweiser sein. Du bist jetzt gerade dabei, durch deine eigene Arbeit das zu kreieren, was du dir wünschst. Für einen positiv denkenden Menschen ist alles möglich in dieser Welt, und in deinem Inneren weißt du es selbst. Dieses Wissen macht dich froh und sicher, es macht dich stark, es ist die Lösung und wird dir auch deine Erlösung sein. Du weißt, daß du deine positiven Kräfte einsetzen kannst für deine Wünsche. Du wirst finden, was du suchst. Für jeden von uns wird es etwas anderes sein in den kleinen Dingen. Gemeinsam aber ist uns allen das große Ziel: ein Leben in Harmonie, Freude, Erfüllung und Erfolg. Nimm deshalb den folgenden Leitsatz mit auf deinen Weg:

»Wer aber auf das Glücklichsein verzichtet,
erfüllt sein Dasein nicht.«

(Ludwig Marcuse)

Teil II:

Dein persönliches Erfolgsdiagramm

KAPITEL I:

ÜBUNGEN ZUR ALLGEMEINEN SENSIBILISIERUNG

Nach deinem Glauben wird dir geschehen. Wenn du glaubst, daß das Leben ein Kampf ist, dann wird es genau das für dich sein: ein mühevoller, anstrengender Kampf gegen alles und jeden. Du genießt Glücksmomente, in denen du dich als Sieger fühlst, doch im großen und ganzen wirst du dich als Verlierer gegen »die Macht des Schicksals« empfinden. Doch ein Schicksal, wie es im alltäglichen Sprachgebrauch oft zitiert wird, gibt es nicht. Da ist kein Schicksal, kein Etwas oder Jemand, der dich in eine Situation hineinsteuert und dich sogar wie eine Marionette an unsichtbaren Fäden gefangenhält. Es ist nur *deine* Meinung über die Welt, *deine* Beurteilung der Situationen, die deine Erfahrungen formt. Wenn du dich entschließt, das Leben nicht als Kampf, sondern als Spiel anzusehen, wird dich augenblicklich eine große Erleichterung und Ruhe überkommen.

Die Schriftstellerin Florence Shinn hat mehrere Bücher geschrieben mit dem Thema: Das Lebensspiel und seine Regeln. Sie legt darin dar, daß es keinen Lebenskampf gibt, nur ein Spiel und seine Regeln. Das ist eine sehr konstruktive Einstellung: Ein Spiel zu verlieren, das tut nicht so weh, als in einem Kampf unterlegen zu sein. Außerdem haben wir von vornherein viel mehr Möglichkeiten, ein Spiel zu gewinnen, wenn wir mit unseren Möglichkeiten spielen anstatt zu meinen, einen erbitterten Kampf führen zu müssen. Wenn Angst im »Spiel« ist, dann kommt es natürlicherweise zu Schwierigkeiten, die unsere Chance auf einen Gewinn erheblich verringern.

Viele sind der Meinung, daß Spielen nur etwas für Kinder sei und daß wir Erwachsene uns gefälligst dem Ernst des Lebens zu widmen hätten. Aber überlege einmal, vielleicht ist der *»Ernst* *des Lebens«* eine Behauptung, der widersprochen werden sollte. Vielleicht liegt hier ein bedeutender Irrtum vor, den es zu korrigieren gilt. Schauen wir uns doch um: Die Natur ist in ein wundervolles, höchst aufregendes Spiel vertieft. Warum gleicht keine Schneeflocke der anderen? Warum wachsen Känguruhbabys in den Beuteln der Mütter auf? Warum legen die Menschen keine Eier? Alles hat seinen Sinn, aber alles könnte sich ganz und gar anders entwickelt haben. Alles ist, wie es ist, und erschafft sich aus sich selbst ständig und *spielerisch* neu. Auch das, was wir nicht sehen können, spielt. Die Physik hat entdeckt, daß die Bestandteile der Atome, die subatomaren Teilchen, ohne Unterlaß in spielerischer Bewegung sind, ja, daß *Bewegung ihr Wesen* ist. Das, was aller Materie zugrunde liegt, ist also kein fester, »seriöser« Grundbaustein, es ist Tanz. Und das ganze Universum ist ein kosmischer Tanz, ein Reigen zu Ehren einer höchsten Instanz, die wir Gott und die Philosophen das Absolute nennen.

Alle Energie will frei fließen, strömen, sich verströmen. Eine Rose kämpft nicht voller Angst um ihr Blühen, sie sorgt sich nicht, ob ihr das vielleicht gelingen wird. Sie blüht einfach, weil das ihr Beitrag zur Schöpfung ist. Alles geschieht, weil es geschieht. Jedes Wesen bekommt, was es braucht, sonst würde es ganz einfach nicht existieren. Nur wir Menschen meinen, wir müßten Gewalt anwenden, um zu »unserem Recht« zu kommen. Wir beißen die Zähne zusammen und gehen mit dem Kopf durch die Wand. Dabei gibt es diese Wand überhaupt nur, weil wir *glauben,* daß es sie gibt.

Laß los, laß geschehen, öffne dich und tanz mit. Sag ja zum Leben. Sei wie eine kleine weiße Wolke, nicht wissend wohin, aber voller Vertrauen, wohin auch immer der Wind dich weht, dort wird dein Ziel sein.

Man könnte sagen, daß alle Probleme, die wir haben, das Resultat von Widerstand sind. Widerstand erzeugt Reibung, und durch Reibung kommt es zu Verlusten, kann etwas zerbrechen, und zerstört werden. In der fernöstlichen Verteidigungstechnik wird diese Erkenntnis praktisch angewandt. Wir im Westen üben, einer Faust, die auf uns zukommt, in irgendeiner Weise Widerstand zu leisten. Der fernöstliche Mensch reagiert anders: Da kommt eine Faust auf ihn zu, er ergreift die Faust und zieht an ihr. Damit wendet sich die Aggression des Angreifers gegen diesen selbst – er fliegt über den, den er angreift, hinweg. Dieses Gesetz der Widerstandslosigkeit beherrschen wir nicht. Aber wir können es lernen.

Lerne es, und *ver*lerne statt dessen zu kämpfen. Je mehr Energie du einsetzt, um ein Ziel zu erreichen, desto mehr Hindernisse wirst du auf dem Weg zu deinem Ziel antreffen. Gestatte – das ist keine Ironie –, daß deine Wünsche in Erfüllung gehen. Jede willentliche, angestrengte Aktivität, die Hindernisse auf dem Weg zum Ziel beseitigen will, erschafft die Hindernisse gerade durch diese willentliche Aktivität.

Du mußt nicht kämpfen. Sei dir statt dessen deiner Schöpferkraft bewußt. Der Schöpfer hat bestimmt keine Überstunden gemacht und wie verrückt gearbeitet, um das Universum zu erschaffen. Er hat *gedacht*, und das Universum war da. Materie ist manifestierter Geist. Hör auf, Gedanken als etwas Irreales zu betrachten. Es gibt keine Realität, außer der, die sich in Gedanken ausdrückt und sich dann auf der materiellen Ebene manifestiert. Ein Gedanke ist etwas Geistiges. Wenn er überhaupt etwas Materielles an sich hat, dann ist es sein Streben, sich aus der geistigen Dimension in die materielle Ebene zu transformieren. Daß er das kann, ist lediglich eine Frage von Energie. Aber Energie eben nicht im Sinne von willentlicher Aktivität, sondern Energie, die im Glauben frei wird.

Wenn du an die Verwirklichung eines Gedankens glaubst, wenn du gewissermaßen weißt, daß er sich verwirklicht, dann hast du ihm die Kraft gegeben – genau die Energie, die er braucht, um sich zu verwirklichen. Da wir aber daran zweifeln, daß sich »Dinge«, Situationen durch reines Denken verwirklichen, müssen wir auch auf der körperlichen Ebene aktiv werden.

Wenn du glaubst, daß du arbeiten mußt, um Geld zu verdienen, dann wirst du »in der Tat« arbeiten müssen. Es gibt allerdings eine Menge Leute, die glauben, daß sie auch ohne zu arbeiten Geld verdienen, und genau in dieser Lage sind sie dann auch.

Wenn es heißt »ohne zu arbeiten«, so ist damit jedoch keineswegs Nichtstun gemeint. Weder auf geistiger noch auf körperlicher Ebene aktiv zu sein, führt selbstverständlich zu einem nicht wünschenswerten Zustand. Nicht arbeiten, in hier gemeintem Sinne bedeutet, nicht von einem Termin zum anderen eilen zu müssen; meint, weder Schwielen an den Händen noch einen gekrümmten Rücken zu haben; nicht so sehr den Körper einsetzen zu müssen, um Resultate zu erzielen. Der höchste Wirkungsgrad spielt sich auf der geistigen Ebene ab. Hier also wird das neue Betätigungsfeld, die erforderliche Präsenz des geistig erwachenden Menschen sein. Das neue Jahrtausend wird einen großen Wandel in den sogenannten reichen Ländern zur Folge haben. Wir alle werden weniger produzieren, aber statt dessen mehr inspirieren. Vieles in uns will uns auffordern, auf körperlicher Ebene zu wirken, anderes in uns sagt zugleich, daß der Effekt dabei wohl nur gering ist, und oft ein Gefühl des Unbefriedigtseins hinterläßt. *»Vieles an dir ist noch Mensch, und vieles an dir ist noch nicht Mensch, sondern gestaltloser Geist, im Nebel schlafwandelnd auf der Suche nach dem eigenen Erwachen.«*

In Relation zu diesem Erwachen verlagert sich die Aktivität von der grobstofflichen (körperlichen) Ebene zur feinstofflichen (geistigen). Von der Arbeit im Steinbruch zum reinen Bewußtsein, zur schöpferischen Ebene, deretwegen man uns Menschen heißt.

Spielen kann man (wieder) lernen

Wenn du also deine Kräfte nicht mehr für einen sinnlosen Kampf verausgaben mußt, dann sparst du viel Kraft und Zeit. Lenke deine Aufmerksamkeit auf dich selbst und stell dir vor:

Du bist losgelöst, durchlässig und offen. Du bist da, einfach nur da. Fühl dich als Geist, als Seele, als Energie. Ein Teil deines Selbst drückt sich durch deinen Körper aus, aber identifiziere dich nicht mit deinem Körper, er ist nur *ein* Aspekt von dir. Nicht du bist es, der handelt, du bist vielmehr das Werkzeug eines Größeren, der durch dich wirkt. Entschließe dich, des öfteren zu gestatten, daß »Es« geschieht. Stell dir vor: Es denkt, spricht und handelt durch dich. Versuche, diesen philosophischen Standpunkt einmal zu akzeptieren, habe keine Vorbehalte. Laß ihn auf dich wirken. Sag jetzt, laut oder tonlos: *Es* geschieht durch mich.

Laß von jetzt an das, was du als dein kleines »Ich«, als deine Individualität bezeichnest, etwas zur Seite treten. Damit »Es«, das Große, Gott, durch dich wirken kann. Zieh aber nicht Boxhandschuhe an, um gegen deine »Individualität« oder gar dein »Ego« zu kämpfen. Es genügt vollkommen, wenn du lernst, geschehen zu lassen, zu gestatten, daß der schöpferische Allgeist in dir die Werke tut, dann werden sich wunderbare Dinge ereignen. Du wirst lachen, wo du vorher traurig warst. Du wirst tanzen, wo du früher wie versteinert verharrtest. Du wirst Freude haben und Freude weitergeben – und du wirst dich mehr denn je als Individualität, nämlich als einzigartiges Wesen, empfinden.

Stell dir vor, daß dich ein Energiefeld umgibt. Siehst du es, siehst du, daß es weit leuchtet. Sieh, daß es etwa einen halben Meter größer ist als dein Körper und die Konturen deines Körpers nachzeichnet. Du kannst dieses Energiefeld jederzeit mit deinem Willen ausdehnen, bis in die Unendlichkeit. Du kannst es aber auch zu einem kleinen Punkt zusammenziehen, zu einem kleinen Lichtpunkt inmitten deiner Stirn. Sieh jetzt aus einer Entfernung von drei, vier Metern von oben auf dich herab. Sieh deine körperliche Gestalt in diesem leuchtenden Energiefeld. Erhöhe dessen

Leuchtkraft bis hin zum strahlenden, goldenen Licht. Dieses goldene, wunderschöne Licht ist mehr dein Naturell als das, was deine physischen Augen wahrnehmen!

Wir haben gesagt, Energie und Geist sind identisch und Energie und Materie sind zwei Erscheinungsformen von ein und demselben. Materie ist die niedrigste Form von Geist, Geist ist die höchste Form von Materie. Wenn du dich als Licht und Energie wahrnimmst, wirst du schnell feststellen, daß auch alles andere aus demselben Urgrund, aus derselben lichten Energie besteht. Die Menschen, die sich neben dir befinden, die Pflanze auf dem Fensterbrett, die Katze auf dem Sofa, die Möbel deiner Wohnung. Aus dieser Perspektive werden die Grenzen der einzelnen Individuen und Dinge aufgehoben, alles verschmilzt mit allem. Jedwede Form von Trennung ist Illusion, verursacht von einem engen, eingeschränkten Bewußtseinszustand, der, wenn du es willst, nun deiner Vergangenheit angehört. Sobald du die Perspektive wechselst, einen höheren Bewußtseinszustand anstrebst, wirst du erkennen, daß alles eins ist, alles sich gegenseitig durchdringt und somit einander bedingt.

Du meditierst, seit du auf der Welt bist

Vielleicht gelingt es dir noch nicht so richtig, dich auf diese Weise als Energiefeld zu fühlen. Fühle, daß auch das in Ordnung ist, bemüh dich nicht darum.

Du machst jede Erfahrung dann, wenn die Zeit dafür reif ist. Vielleicht hast du auch keine Lust, jeden Tag eine Übung namens »Meditation« zu absolvieren, bei der dir nur deine Einkaufsliste und die noch offenstehenden Rechnungen durch den Kopf spuken. Laß es einfach sein. Wie es Ralph Emerson ausdrückte, soll Meditation »die Betrachtung Gottes vom höchsten Standpunkt« sein. Meditation ist ein Reinigungs- und Entflechtungsvorgang. Du reinigst und befreist dich von deinen gewohnten Beurteilungen der Dinge, du läßt gewissermaßen dich und deine Probleme los. Um diesen Prozeß in Gang zu bringen, gibt es einige jahrtausendealte Praktiken wie Zen und Yoga. Doch du kannst auch dein tägliches Leben zu einer Meditation machen. Das tust du, indem du auf die rechte Art denkst. Sobald du dich dabei ertappst, daß du anklagend und mit Selbstmitleid über ein Problem nachdenkst, stoppe sofort diesen Gedankenfluß. Stell nicht das Problem vor dein geistiges Auge, sondern die Lösung, nach der du dich sehnst. Denk nicht *nach,* sondern *voraus.* Du wirst feststellen, daß du mit der Zeit immer weniger im gewöhnlichen Sinne denkst, im Sinne von grübeln, analysieren, kritisieren. Dein Denken wird frei, locker, konstruktiv sein, wenn du es immer öfter auf das Höhere, auf das Absolute ausrichtest, gleichgültig, ob du bügelst, dein Auto reparierst oder im Verkehrsstau steckenbleibst.

An der Zahl der Stunden, die du damit verbringst, angestrengt an »Nichts« zu denken, keuchend deine Atemzüge zu zählen oder deine eingeschlafenen Füße zu bedauern, ist nicht dein spiritueller Fortschritt abzulesen. Dagegen ist es ein Hinweis für deine geistige Entwicklung, wenn du dich nicht länger *bemühen* mußt, zu meditieren. Denn, um es mit dem Titel eines Buches von Thaddeus Golas zu sagen: »Der Erleuchtung ist es egal, wie du sie erlangst.« Irgendwann wird es schwierig sein, die Meditation zu unterbrechen, nicht mehr an das Göttliche zu denken. Erst wenn du dich zur rechten Zeit, am rechten Ort ohne Unterlaß, Tag und Nacht, mit dem Urgrund allen Lebens verbunden fühlst, dann meditierst du richtig. Denke daran – Meditation ist keine Körperhaltung, sie ist eine Geisteshaltung, die nur deiner Offenheit bedarf, damit »ES« geschieht. Dann *bist* du Meditation: die Meditation Gottes.

Tu es doch einfach

Wenn du dieses Buch in der Hand hältst, hast du vielleicht schon andere Bücher gelesen, die dir Hinweise für ein glückliches Leben geben wollten. Einiges davon hat dir gefallen, und du hast vielleicht kleine Bleistiftkreuze an Übungen gemacht, die du einmal ausprobieren wolltest. Doch dann hast du das Buch beiseite gelegt – und später wußtest du nicht mehr, wo welche Übung zu finden ist, und zum Suchen und Herausschreiben der Übungen hattest du keine Lust.

Mit diesem Buch wollen wir es dir erleichtern, deine guten Vorsätze auch durchzuführen. Wir haben die verschiedenen Übungen und Affirmationen so geordnet, daß du eine klare Übersicht hast und findest, was für dich persönlich gerade passend ist. Du kannst mit diesem Buch allein arbeiten oder mit ihm zu einem unserer Seminare kommen; gemeinsam ist vieles schöner, leichter und macht mehr Freude.

Streng dich beim Lesen dieses Buches und bei den Übungen aber nicht an. Je mehr Mühe du dir gibst, aufmerksam zu sein, desto weniger bist du entspannt – und desto weniger wirst du erfüllt sein. Ein Schwamm sollte weich sein, um viel Wasser in sich aufnehmen zu können, ist er hart, perlt das Wasser an ihm ab. Du solltest Interesse an dem haben, was du liest, aber im Hinterkopf wissen, daß es überhaupt nichts Neues ist. Es ist ein Wissen, das schon immer in dir war. Das, was dir gesagt wird, ist eigentlich nur dein eigenes Wissen, zu dem du vielleicht vorübergehend keinen Zugang hattest. Alles, was wir wollen, ist, dir zu helfen, dich zu erinnern, *daß du ein außerordentlicher Erfolg bist.*

Deshalb laß uns jetzt weiter im Dialog sein. Was in diesem Augenblick deine Seele bewegt, ist wichtig. Was vorher war, ist unwichtig, was morgen ist, kann warten. Laß uns das Jetzt, diesen Augenblick, erleben.

Körperübungen

Wie entspannst du dich? Indem du die Füße auf den Tisch legst, ein kühles Helles zur Brust nimmst und eine Zeitschrift durchblätterst? Warum nicht. Was dir Spaß macht, ist in Ordnung.

Aber wenn das alles ist, was du zu deiner Entspannung tust, ist es zu wenig. Denn die wichtigste Voraussetzung für ein erfülltes, glückliches Leben ist die Fähigkeit zur Tiefenentspannung. Du kannst dich noch so sehr bemühen, frei, leicht und offen durchs Leben zu gehen – wenn du es mit hochgezogenen Schultern, verkniffenem Mund, gepreßter Atmung, und verkrampftem Magen tust, wird nie etwas daraus. Der Weg in den Himmel führt nicht am Körper *vorbei,* sondern durch den Körper *hindurch.* Liebe deinen Körper. Akzeptiere deinen Körper, so wie er ist. Danke deinem Körper. Er ist ein wunderbares, göttliches Instrument, er ermöglicht dir das Leben auf dieser Erde. Mach dir deinen Körper nicht zum Gegner, zum Feind, den es zu besiegen oder gar zu überwinden gilt. Viele neigen dazu, ihren Körper gänzlich zu mißachten oder ihn mit Genußgiften zu quälen. Oder sie betrachten ihn als eine Art Maschine, die erbarmungslos auf sportliche Höchstleistungen getrimmt werden muß. Frauen haben durch ihren Zyklus, durch das Kindergebären meist ein direkteres, »weicheres« Verhältnis zu ihrem Körper, sind aber durch negative Affirmationen aus ihrer Kindheit (»so etwas tut ein Mädchen nicht!«) häufig verkrampft.

Damit die Übungen ihre volle Wirkung entfalten können, ist es wichtig, daß du die Technik der Tiefenentspannung so gut wie möglich beherrschst.

Viele haben irgendwann einmal das autogene Training erlernt. Doch fragt man sie, wie lange sie brauchen, um in Trance zu kommen – autogenes Training ist Selbsthypnose –, sagen sie: zehn, fünfzehn Minuten. Es ist eine frustrierende Angelegenheit, so lange zu brauchen, um in Trance zu gehen. In der Hypnosetherapie kann man lernen, in zehn Sekunden in den tiefsten »Keller« zu kommen. Du schaust eine Couch an, auf die du dich legen willst, und du mußt dich beeilen, auf die Couch zu kommen, weil du sonst schon »weg« bist und sie nicht mehr findest. Es ist im Grunde außerordentlich einfach, in tiefe Zustände von Trance zu gehen.

Bei der folgenden Grundübung wäre es gut, wenn du in Trance gehen kannst. Also »mach dir keine Mühe« – sonst wirst du bald einer von denen sein, die tausend Gründe finden, sich vor dieser »Arbeit« zu drücken …

> Zieh dich in einen ruhigen, abgedunkelten aber gemütlichen Raum zurück. Leg dich relativ flach hin. Die Beine sollten leicht gespreizt sein, so daß die Fußspitzen nach außen fallen, die Arme liegen locker neben dem Körper. Einengende Kleidung ist gelockert. Schließe die Augen (erst nach dem Lesen dieses Absatzes) und atme ruhig in deinen Bauch. Bei jedem Einatmen atmest du Entspannung ein, bei jedem Ausatmen atmest du Spannung aus. Denke: Es atmet mich. Meine Arme sind warm und leicht. Meine Beine sind warm und leicht. Meine Füße sind ganz locker. Das Becken ist entspannt. Der Bauch ist ganz locker und wölbt sich leicht bei jedem Einatmen. Der Brustbereich, die Schultern sind ganz weich und locker. Der Atem ist ruhig und gleichmäßig. Etwa fünf Zentimeter oberhalb des Bauchnabels liegt das Sonnengeflecht, der Solarplexus. Stell dir im Sonnengeflecht strömende Wärme vor. Fühle dich wohl …

Auch das Herausgehen aus der Entspannung will gelernt sein. Spring keinesfalls plötzlich auf, sonst kann dir schwindelig werden. Der Kreislauf sollte behutsam wieder in Schwung gebracht werden.
Das geschieht in vier Schritten:

1. Die Hände werden geballt, die Arme gestreckt,
2. dann die Beine angespannt und gestreckt.
3. Die Arme werden über den Kopf gestreckt, der ganze Körper gereckt und gedehnt.
4. Jetzt tief Atem holen und die Augen öffnen.

Du kannst dir auch eine Kassette mit der Entspannungsübung besprechen oder dir Kassetten mit Entspannungsanweisungen kaufen. Achte beim Kauf darauf, daß dir die Stimme gefällt, sonst baust du womöglich einen Widerstand gegen das Gesagte auf.*

Von der Entspannung zur Trance
Nun eine geistige Reinigungsübung, die deinen Körper erfrischt und stärkt. Um körperliche Beschwerden zu lindern oder gar ganz zum Verschwinden zu bringen, mache diese Übung wenn möglich täglich.

> Du liegst in einer wunderbaren tiefen Entspannung, dein Sonnengeflecht ist strömend warm. In deiner Vorstellung wirst du zu einem kleinen Lichtpunkt, der voller Mitgefühl nach allen Seiten seine Umgebung betrachten kann. Als dieser Lichtpunkt wanderst du nun durch deinen Körper, wobei du die strömende Wärme mitnimmst. Du bewegst dich von Organ zu Organ, zu Magen, Darm, Leber, Galle, Nieren. An jedes dieser Organe verströmst du dabei Lebensenergie, bringst Licht an jede noch dunkle Stelle – und jedem Organ sagst du ein liebevolles »Danke«, für seine Arbeit, für sein harmonisches Zusammenspiel in der Sinfonie der Organe. Als Beendigung dieser Übung geh genau den gleichen Weg zurück, den du gekommen bist.

Dieser erweiterte Bewußtseinszustand führt fast von alleine in die Trance und damit in die Nähe aller deiner Ziele. In diesem besonderen Zustand ist dein Unterbewußtsein empfänglich für bildhafte Vorstellungen und Affirmationen. Habe Visionen, träume vom Leben und dann lebe deinen Traum. An der Trance ist nichts Mystisches oder gar Kompliziertes.

* Kassetten von Erhard F. Freitag sind erhältlich im Fachhandel oder über die Kontaktadresse, siehe Nachwort.

Hier nun eine weitere sehr einfache Methode, sich selbst zu erfüllen, und am Glück der Welt teilzuhaben.

Du liegst ganz entspannt da. Nun stell dir ein kleines, leeres Notizbuch vor. Du schlägst es auf und schreibst mit einem Stift auf die erste Zeile der linken Seite deinen Vornamen. Auf die erste Zeile der rechten Seite schreibst du das Wort »Trance«. Nun schreibst du auf die zweite Zeile der linken Seite deinen Namen und auf die zweite Zeile der rechten Seite das Wort »Trance.« Nun gehst du wieder zur linken Seite und wiederholst diesen Vorgang. Fahre damit fort. Wenn die Seite vollgeschrieben ist, blättere um. Schreibe so lange auf die linke Seite des Notizbuchs deinen Namen und auf die rechte das Wort »Trance«, bis dir beinahe der Stift aus der Hand fällt. Nun schreibe auf die linke Seite deines Büchleins das Wort »tiefer«. Und auf die rechte Seite das Wort »tiefer«. Und auf die linke Seite wieder »tiefer«. Fahre damit fort, bis du das Gefühl hast, den Stift nicht mehr halten zu können. Nun bist du in Trance, und dein Unterbewußtsein ist aufnahmebereit für alles, was du ihm eingeben möchtest.

Das richtige Ausatmen ist bereits die halbe Entspannung. Achte einmal darauf, wie du gewöhnlich atmest. Ziehst du die Schultern hoch und atmest flach im oberen Lungenbereich? Hältst du die Luft an, sobald ein Gefühl dir angst macht? Dabei kannst du dir gerade in unangenehmen Situationen eine »Erste Hilfe« über die Atmung geben. Wenn du das nächste Mal Panik oder Wut in dir hochsteigen fühlst, dann hebe den Kopf, laß die Schultern sinken und atme tief bis in den Bauchraum durch. Du wirst dich mit Sicherheit danach sehr schnell besser fühlen. Deine Reaktion wird wohl ganz anders sein, als du üblicherweise auf Schreck reagierst!

Hier eine Atemübung, die im Yoga zum täglichen Programm gehört. Die wechselseitige Nasenatmung beeinflußt den Geist über den Körper. Sie löst energetische Blockierungen und entspannt so sehr, daß viele Menschen sie täglich praktizieren.

> Setz dich mit aufrechtem Oberkörper in den Schneidersitz oder auf die Fersen. Schließe die Augen und konzentriere dich auf den Punkt zwischen den Augenbrauen (das dritte Auge). Hebe die rechte Hand und verschließe mit dem Ringfinger dein linkes Nasenloch. Atme tief durch das rechte Nasenloch ein und zähle dabei im Sekundenrhythmus bis vier (also »eins und zwei und drei und vier«). Verschließe jetzt mit dem Daumen das rechte Nasenloch und halte den Atem vier Sekunden lang an. Öffne das linke Nasenloch und atme acht Sekunden lang aus. Atme durch das gleiche, also das linke, Nasenloch ein und zähle dabei im Sekundenrhythmus bis vier. Verschließe jetzt mit dem Ringfinger das linke Nasenloch und halte den Atem vier Sekunden lang an. Jetzt atme durch das rechte Nasenloch acht Sekunden lang aus...
>
> Wiederhole diesen Turnus einige Minuten lang.

Das hört sich kompliziert an, ist es aber nicht, wenn du es einmal ausprobiert hast, dann geht es wie von alleine. Diese Atemübung sollte etwa zehn Minuten lang durchgeführt werden, sie ist ein ausgezeichnetes Mittel gegen Depressionen. Probiere sie einmal aus, wenn du dich so richtig »fertig« fühlst – sie energetisiert dich und ist ein Muntermacher!

Übungen, die deine Imaginationsfähigkeit schulen

Frage verschiedene Menschen, welche Bilder in ihnen hochsteigen, wenn sie das Wort »Glück« hören. Die Antworten werden sich erheblich voneinander unterscheiden. Der eine sieht sich faul in der Sonne am Strand liegen, der andere in einer Liebesumarmung, der dritte läßt sich gerade einen Lottogewinn auszahlen. »Glück« bleibt so lange ein leeres Wort, bis ihm *bildhafte Vorstellungen* einen Sinn geben.

Als Kinder haben wir alle ein lebhaftes Innenleben voller phantastischer Vorstellungen gehabt, wir haben Geschichten erlebt, wir haben alles mögliche und vielleicht auch unmögliche gesehen. Einiges davon war den Erwachsenen nicht nachvollziehbar und es wurde uns dann oft mit den Worten: »Ach hör doch auf mit dem Unsinn!« aberzogen. Die Phantasiegebilde, das, was wir in bunter Farbenpracht bildhaft erlebt haben, wurden uns durch intellektuelle Erwachsene einfach weggenommen. Es war deren logischer Verstand, der unsere Phantasien als wirres, unrealistisches Zeug abgetan hat und der sich anmaßte, es besser zu wissen, was gut und richtig sei. So wurden wir langsam nüchtern gemacht, sozusagen versachlicht. Aus einem kleinen Menschen voller Phantasie wurde ein nüchternes, erwachsenes Kopfwesen, das nicht mehr träumen durfte.

Hier eine einfache Übung, die deine Imaginationsfähigkeit, also die Fähigkeit, Bilder zu sehen, anregt:

> Lege eine Blume, die dir besonders gefällt, vor dich auf den Tisch. Schau sie genau an. Schließe die Augen. Nun wirst du die Blüte vor deinem inneren Auge sehen. Vielleicht nur eine halbe Sekunde, vielleicht zwei, das ist nicht wichtig. Wenn sie zu verschwimmen beginnt, dann öffne nur ganz kurz die Augen und schließe sie sofort wieder. Laß also ganz kurz das Bild der Blume wieder hinein und imaginiere, »sieh« sie erneut. Mach es wie eine Kamera, die kurz den Verschluß öffnet, um ein Bild in sich aufzunehmen. Wiederhole das immer wieder, fünf Minuten lang. Dann nimm einen Apfel, eine Blumenvase – was du willst. Schau den Gegenstand kurz an, schließe die Augen und imaginiere, visualisiere ihn, das heißt, sieh ihn vor deinem inneren Auge.

Wenn du diese Übung an vier oder fünf Abenden, jeweils nicht länger als ein paar Minuten, machst, dann kannst du es ein für allemal. Sag nicht, daß du mit der Imagination Probleme hast. Das ist etwas kinderleicht (wieder) zu Lernendes, es sei denn, du machst ein Problem daraus, indem du weiter behauptest, »es nicht zu können«. Wenn du dir immer wieder sagst, daß du es nicht kannst, dann ist es natürlich auch so. Wenn du dir aber immer wieder sagst, daß du es kannst, dann ist es natürlich auch so. Es gibt Menschen, die sagen, sie können nicht rechnen, obwohl sie es doch gelernt haben, und folglich lösen sie dann auch die einfachsten Aufgaben nur mühevoll. Wenn du dir nur lange genug einredest, daß das Leben eine höchst komplizierte Sache ist, dann mußt du bald bei vielem Alltäglichen um Hilfe bitten.

Deine Schöpferkraft einzusetzen und visualisieren zu lernen ist also außerordentlich wichtig. Dein Unterbewußtsein versteht nur den bildhaften Anteil einer Aussage und entnimmt aus ihm mehr Informationen als aus tausend Worten.

Wenn du etwas erreichen willst, kommt es darauf an, klare innere Leitbilder von einer erwünschten Situation zu erschaffen.

In dir schläft ein Genie, wecke es!

Der berühmte Chemiker August Kekulé hatte sich lange bemüht, die chemische Formel für Benzol zu finden. Doch alles Grübeln half nichts. Da träumte er eines Nachts von Schlangen, die ihre Schwänze fraßen – der Benzolring war gefunden! Dieses mittlerweile weltbekannte Beispiel zeigt auf beeindruckende Art, was unser Unterbewußtsein alles leisten kann: Es schenkt uns wunderschöne, symbolstarke Bilder und bringt uns der ersehnten Lösung näher. Es springt völlig unerwartet ein, wenn der Verstand zu versagen droht. Und es hat tatsächlich für alles die perfekte Lösung parat, wenn wir in rechter Weise mit ihm zu »arbeiten« lernen.

Schauen wir uns unsere zwei Arten zu denken doch einmal genauer an. Sicherlich hat August Kekulé auf der Suche nach seiner Formel lange sein Gehirn strapaziert. Aber was für ein Gehirn? Es ist die linke Seite des Gehirns, die in Worten denkt und logische Verknüpfungen herstellt. Wir haben einige Zeit in der Evolutionsgeschichte gebraucht, um diese Fähigkeit zu entwickeln; man sollte sie wahrhaftig nicht geringschätzen. Die logische Art zu denken hat nur einen Haken: Sie glaubt, sie wäre die *einzige*.

Unser Verstand hält tatsächlich immer das, was er tut, für perfekt. Ein Problem, das er nicht lösen kann, ist eben nicht zu lösen – und schon gar nicht von einer Einrichtung wie dem Unterbewußtsein.

Deine rechte Gehirnhälfte – übrigens bei weitem nicht so rechthaberisch wie die andere – hat eine ganz andere Arbeitsweise. Sie denkt in Bildern, sie ist dein visuelles Gedächtnis. Hier ist der Ort deiner schöpferischen Möglichkeiten, weil das visuelle Gedächtnis keine Grenzen hat.

In deiner rechten Hirnhälfte wohnt deine Schöpferkraft. Das trifft selbst auf Menschen zu, deren Lebensinhalt Abstraktion und Logik ist! Eine Untersuchung bei hervorragenden Mathematikern – darunter Albert Einstein – hat ergeben, daß praktisch alle den innerlichen Gebrauch von Wörtern oder Zahlen vermeiden. Sie denken vielmehr in Bildern. Das Umsetzen in Formeln und Worte erfolgt erst zu einem späteren Zeitpunkt.

Lerne wieder, deinen Bildern, deinen Empfindungen, deinen Gefühlen zu vertrauen. Auch wenn der Verstand sie in ihrem Wert zu reduzieren sucht, vertraue, damit dir nach deinem Glauben geschehen kann. Mach dir keine unnötigen Gedanken, ein reifer Verstand verfügt zur rechten Zeit über die notwendige Einsicht und Urteilsfähigkeit. Denn was wäre gewesen, wenn der Wissenschaftler Kekulé sein Erlebnis nur als albernen Traum abgetan hätte?

Vergöttere deinen Verstand nicht, aber verteufle ihn auch nicht. In der rechten Weise eingesetzt, hilft er dir zu erkennen, welche Schätze in dir ruhen. Ihn zur rechten Zeit zur Ruhe zu bringen, verhilft deiner schöpferischen Imagination, zu »Tage« zu treten!

Damit das Genie in dir erwacht, ist es also wichtig, daß deine rechte und deine linke Gehirnhälfte synchron zusammenarbeiten. Fast jeder Mensch bevorzugt gewohnheitsgemäß eine der beiden Gehirnhälften, in unserer westlichen Welt ist es meist die linke, die »benutzt« wird. Um so wichtiger ist es, die Fähigkeiten der rechten Gehirnhälfte zu stärken. Sonst bist du ein brillanter Analytiker: klug, aber tief unglücklich, weil du keinen Zugang zu deiner Schöpferkraft hast. Nur die Schöpferkraft *in dir verändert* die Dinge wirklich.

Wenn du das Gefühl hast, Bilder sehen zu können, ist es an der Zeit, die erste kleine »Filmproduktion« bei deinem Unterbewußtsein in Auftrag zu geben.

Mach dir einen einfachen, klaren Wunsch bewußt. Nun stell dir vor, du müßtest ihn einem anderen Menschen in einem Stummfilm von etwa zehn Sekunden Dauer vermitteln! Deinen Wunsch sozusagen »rüberbringen«. Du bist jetzt für diese Arbeit dein eigener Drehbuchautor, Schauspieler, Regisseur, Kameramann und Beleuchter. Drehe ein, zwei einfache Szenen, die bildlich beschreiben, was du meinst. Ein Beispiel: Du wünschst dir, ein großer Pianist zu sein. Dann könnte dein Film etwa so aussehen: Du sitzt in einem großen, wunderschönen Konzertsaal am Flügel, und das Auditorium hört deinem Spiel voller Begeisterung zu. Das Publikum ist gebannt und es liegt ein großer Zauber über dem Konzertsaal. Du hast dein Spiel beendet, verbeugst dich, man sieht und hört wie die Leute klatschen und jubeln und dir große Blumensträuße auf die Bühne reichen. Danach feierst du mit Freunden und Verehrern in einem noblen Restaurant, ein Sektkorken schießt hoch, eine Freundin fällt dir um den Hals...

Am besten ist es, die Regieanweisungen für diesen Film – es können natürlich auch mehrere zu verschiedenen Themen sein – auf ein Blatt zu schreiben und sie oft durchzulesen. Spiel dir diesen Film in deinem Inneren immer wieder vor, in der U-Bahn, in der Badewanne, abends vor dem Einschlafen und dein Unterbewußtsein wird – gepaart mit deinem Fleiß – alles ihm mögliche tun, ihn wahr werden zu lassen.

Erst dein Glaube versetzt Berge

Deine ganze Entspannungstechnik, deine ganze Fähigkeit zu imaginieren, nützen nur in dem Maße, in dem du glauben kannst. Nur, wenn du mit der ganzen Kraft deines Herzens glaubst, deine Ziele auch zu erreichen, dann erreichst du sie auch. Alles nützt nur, wenn du Vertrauen hast in dich, in diese Technik, diese Möglichkeit, diesen Weg. Wenn du glauben kannst, daß du das, was du möchtest, auch erreichst, ist dir alles möglich.

Wenn du kein Vertrauen hast, gelingt dir allenfalls mit großem Fleiß, einigermaßen zurechtzukommen, mehr nicht! Wer einen Minderwertigkeitskomplex hat, der kann hundert Jahre lang visualisieren, bis vielleicht endlich einige wenige Wünsche in Erfüllung gehen.

Deshalb, hab Vertrauen in dich! Das wird dir vielleicht zunächst nicht immer leichtfallen, wenn du in deiner Kindheit statt bestätigt bezweifelt wurdest. Doch es ist der beste Weg, zum Ziel zu kommen. Vertraue, sonst wirst du dich immer nur im Vordergrund entspannen und im Hinterkopf an dem, was du möchtest, zweifeln. Denn kein Vertrauen zu haben, heißt dich zu fürchten und was du befürchtest, wird über dich kommen. Dieses Gesetz ist nicht neu, wir kennen es alle, aber es ist entscheidend, daß du es ganz für dich entdeckst, nicht wieder im Kopf, sondern ganz tief drinnen. Sei dir bewußt: *Nicht das, was du möchtest, nicht das, was du willst, geschieht, sondern das, was du glaubst.* Sich zu fürchten ist negativer Glaube und genau da enden die meisten in einer intellektuellen Sackgasse. Achte also auf die Inhalte deines Glaubens. Nichts darf dich wankend machen, halte jetzt ein Plädoyer zum Thema »Ich bin ein außerordentlicher Erfolg«.

Wenn du bisher ein Zweifler warst, dann beginne doch einmal, über dich nachzudenken. Versuche, über dein *»Selbst«* zu befriedigenden Erkenntnissen zu kommen. Nicht intellektuell nachzudenken, sondern einfach Informationen zu sammeln über die Natur dieses Selbst. Ist es Seele, ist es Bewußtsein, ist es materiell, oder reiner Geist? Was, wie und wo ist es? Bemühe dich einige Tage, einige Monate – wie lange, das ist eine Frage deiner Intention. In dem Maße, in dem du dir Informationen zufließen läßt, wirst du dir der Natur deines Selbst bewußt werden. Du wirst Bewußtsein haben über dein Selbst. Und das ist Selbstbewußtsein im Original. Das ist zugleich auch der Wendepunkt in deinem Leben und der Zeitpunkt, an dem andere zu dir sagen: Du bist selbstbewußt! Dann solltest du lachen und dich freuen und bestätigen: Ja, ich weiß etwas von meinem Selbst. Ich bin mir meines »Selbst« bewußt. In dem Maße, in dem du dir der Eigenschaften deines Selbst bewußt wirst, wirst du Vertrauen gewinnen. Und wenn du diesen Vorgang weiterführst, weiter Sehnsucht hast nach Erkenntnis, dann wird aus diesem Selbstbewußtsein die nächsthöhere Potenz, nämlich Selbstvertrauen. Selbstvertrauen ist also das Resultat der Suche nach Erkenntnis, auf den Spuren deiner selbst.

Akzeptiere es nicht, wenn man von dir verlangt, blind zu vertrauen. Lehne blinden Glauben, blinden Gehorsam stets ab. Wir haben die Möglichkeit, das, was wahr, was glaubhaft ist, auch zu verstehen und zu erfahren. Vielleicht hast du auch das Wort »Glaube« in deinen Kindertagen so oft gehört, daß du es jetzt nicht mehr hören kannst. Wir denken meist gar nicht darüber nach, was damit tatsächlich gemeint ist und welche große Bedeutung es in unserem Leben haben kann.

Glaube geht einher mit Selbstvertrauen, Selbstvertrauen ist die Folge von Selbstbewußtsein, Selbstbewußtsein ist das Ergebnis von Meditation oder Denken über das Wesen des Selbst. Und auf diesem Wege wird dir dann auch Gott begegnen, nicht Gott als menschliche Vaterfigur, sondern Gott als nicht denkendes, reines, bewußtes Sein.

Hier nun eine Trancereise, die dich dieser Begegnung näher bringen wird. Am besten ist es, wenn du sie dir auf Band sprichst:

Kosmische Reise

Meditation von Klaus Biedermann

Lege dich bequem auf den Rücken, deine Fußspitzen fallen zur Seite, deine Arme liegen neben deinem Körper, du schließt die Augen. Du atmest in deine Mitte, du atmest in dein Zentrum. Begleite deinen Atem. Sei ganz bei deinem Atem, atme ganz bewußt. Deine ganze Aufmerksamkeit richtet sich auf deinen Atem. Du atmest in deine Mitte. In deiner Mitte ist die Quelle der Ruhe. Stell dir ruhig eine Quelle vor, in die du hineinatmest – atme in deine Quelle der Ruhe. Und nun erlaube deinem Körper sich auszuruhen. Du erlaubst deinem Körper sich zu entspannen. Du erlaubst deinem Körper zu schlafen. Aber nur dein Körper wird schlafen. Dein Bewußtsein ist vollkommen wach. Du hörst die Stimme, die zu dir spricht. Alles andere ist gleichgültig und weit weg und unwichtig. Alle Gedanken fallen von dir ab, wie die Blätter eines Baumes im Herbst. Stell dir einen Baum im Herbst vor, der seine Blätter verliert. Langsam – mit jedem fallenden Blatt wird es ruhiger in dir. Mit jedem Blatt, das zu Boden fällt, entspannst du immer tiefer und tiefer. Du läßt dich nun hineingleiten in einen angenehmen Zustand friedlicher Entspannung, und du erlaubst dir, alles loszulassen. Du konzentrierst dich nur auf die Entspannung, und du entspannst deine Beine. Du entspannst deine Gesäßmuskeln. Du entspannst deine Bauchmuskeln. Du entspannst deine Rückenmuskeln. Du entspannst deinen Brustkorb. Du entspannst deine Schultern. Dein Atem geht wie von selbst in deine Mitte, ein und aus. Du entspannst nun deine Arme bis hinunter in deine Fingerspitzen, so daß auch deine Hände vollkommen ruhig sind. Du entspannst deine Nackenmuskeln und gehst über die Schläfe zur Stirn, und du entspannst deine Stirn. Deine Stirn ist entspannt und glatt. Du hast deine Augen geschlossen, und in den Augen ist es dunkel. Dein Blick ist auf die Nasenwurzel gerichtet – auf den Punkt zwischen den Augenbrauen. Und du entspannst deinen Mund. Dein Mund ist leicht geöffnet. Deine Zunge ist gelockert und gelöst, und du spürst nun, wie dein Gesicht von Atemzug zu Atemzug gelöster und weicher ist. Mit jedem Atemzug ist dein Gesicht entspannter und weicher, so wie dein übriger Körper auch entspannter und weicher ist. Und du wirst auch gleich spüren, wie dein Körper angenehm leichter und leichter ist. Dein Körper fühlt sich mit jedem Atemzug leichter, bis du vollkommen entspannt und angenehm auf der Unterlage ruhst. Ich werde jetzt gleich zählen, von 10 zurück bis 1, und während ich zähle, stellst du dir vor, du stehst auf einer Rolltreppe, die langsam nach unten fährt, nach unten in die Entspannung. Während ich also zähle, fährst du langsam nach unten in die Entspannung und Losgelöstheit. Ich beginne zu zählen: 10 – 9 – 8 – du fährst nach unten – 7 – 6 – 5 – 4 –, du bist leichter und leichter – 3 – 2 – 1. Dein Körper ist entspannt, dein Körper ist ruhig, dein Körper ist ganz leicht, dein Körper schläft. Und während dein physischer Körper hier in diesem Raum vollkommen entspannt und leicht daliegt, bist du in deiner Phantasie bereit, diesen Raum zu verlassen. Du bist bereit, diesen Raum zu verlassen zu einer kleinen Reise.

Stell dir vor, du bist auf einer Frühlingswiese – auf einer wunderschönen Frühlingswiese mit vielen Blumen und blühenden Bäumen. Die Sonne scheint, und es ist angenehm warm. Am Himmel ziehen vereinzelt weiße Wolken. Und du bist auf dieser Wiese und du fühlst dich sehr wohl. Du wirst hier auf dieser

Wiese an Situationen erinnert, in denen du sehr glücklich warst. Und dieses Gefühl erlebst du hier wieder. Du bist auf dieser Wiese und schaust in die Wolken. Niemand weiß, woher sie kommen, niemand weiß, wohin sie ziehen. Und je länger du in die Wolken schaust, desto tiefer entspannst du. Und dann gehst du ein Stück über die Wiese, und du kommst zu einem herrlichen Wasserfall. Du stellst dich unter das Wasser und dieses Wasser spült alles von dir weg – deine ganze Vergangenheit, auch das, was heute geschehen ist. Alles wird von dir weggespült. Du spürst die herrlich erfrischende Kraft des Wassers. Über dem Wasserfall steht ein wunderschöner Regenbogen. Du spürst die Kraft des Wassers in dich einströmen. Du spürst, wie dich das Wasser erfrischt und belebt. Und du genießt es, unter diesem Wasserfall zu stehen. Und dann verläßt du diesen Wasserfall und gehst zurück auf die Wiese und legst dich in das Gras. Du liegst im Gras und läßt dich von der Sonne trocknen. Genieße die Wärme der Sonne. Du spürst einen sanften Wind, der deinen Körper streichelt, und liegst einfach da und ruhst dich aus, ruhst dich aus wie nach einer langen und beschwerlichen Reise. Und du schaust in die Wolken. Du schaust in die Wolken, und du siehst, wie eine dieser Wolken, eine kleine weiße Wolke, zu dir herunterkommt – zu dir auf die Erde und sanft neben dir landet. Sie fordert dich auf, dich in sie hineinzusetzen. Du fühlst dich unendlich wohl und geborgen. Geborgen und bequem. Du liegst einfach da. Und dann spürst du, wie diese Wolke langsam, ganz langsam vom Boden abhebt und mit dir davonfliegt. Immer höher fliegt, mit dir über die Landschaft dahinfliegt. Du fliegst über wunderschöne Landschaften, über Wiesen, über Wälder, über Berge, über Flüsse und Seen. Du liegst in deiner Wolke vollkommen entspannt. Du spürst die Wärme der Sonne, ein leichter Wind schaukelt sanft die Wolke. Und du genießt es, dir all die Wunder dort unten anzuschauen. Und dann spürst du, wie diese Wolke langsam höher fliegt, langsam, aber stetig höher steigt. Höher und höher. Und du siehst jetzt die Natur dort unten wie ein Mosaik, und noch höher fliegt die Wolke. Höher und höher. Und du siehst nun schon die einzelnen Erdteile dort unten und die Meere, und die Wolke fliegt weiter. Höher und höher. Du spürst, daß deine Wolke hinausfliegt in das Universum. Hinaus in das Weltall. Du siehst die Erde jetzt schon dort unten als eine bunte Kugel. Und du fliegst vorbei an dem Mond, der zu unserer Erde gehört, vorbei an den Sternen und den Planeten. Du fliegst hinaus in das Universum. Und je weiter du fliegst, je weiter du kommst, desto freier fühlst du dich. Und du spürst, du bist ein Teil des Universums. Du liegst auf deiner Wolke und fliegst in die Ferne des Alls. Du kommst vorbei an unbekannten Planeten und vielen, vielen unbekannten Sternen. Du liegst in deiner Wolke und fliegst durch den Kosmos. Du fliegst weiter und weiter, und du siehst von weitem einen kleinen Punkt, einen kleinen Punkt von goldenem Licht. Und auf dieses Licht fliegt deine Wolke zu. Und je näher du diesem Licht kommst, desto größer wird es. Es wird größer und größer, je mehr du dich ihm näherst. Und dann siehst du, daß deine Wolke auf ein riesengroßes Lichtfeld zufliegt. Auf ein großes Feld kosmischen Lichtes, goldenen kosmischen Lichtes. Deine Wolke fliegt hinein in dieses kosmische Licht. Und hier in diesem kosmischen Licht bleibt deine Wolke stehen. Und du bist umgeben von goldenem, warmem, kosmischem Licht. Warmes, goldenes, kosmisches Licht umgibt dich, und du öffnest dich. Du öffnest deinen Körper, deinen Geist und deine Seele und läßt dieses kosmische Licht in dich einströmen. Du spürst eine wunderbare warme, goldene Energie in dich einströmen. Dein Körper ist angefüllt mit kosmischer Energie. Du spürst, wie dieses Licht in jede Zelle deines Körpers fließt, in jedes deiner Organe. Dieses kosmische Licht strömt in dein Herz. Und dein Herz leuchtet wie eine Sonne, hell und klar. Das kosmische Licht strömt in deine Lungen. Das kosmische Licht strömt in alle deine Organe und erfüllt deinen ganzen Körper. Und jetzt spürst du, wie sich deine Seele weitet. Deine Seele ist ganz weit. So weit wie dieses kosmische Licht. Deine Seele ist so groß und so weit wie dieses Feld kosmischen Lichtes. Und hier oben spürst du, du bist eins mit dem Universum. Du bist eins mit dem Universum. Dein Körper, dein Geist und deine Seele sind angefüllt mit kosmischer Energie, mit wundervoller, goldener, kosmischer Energie. Und jetzt spürst du, wie sich deine Wolke langsam wieder in Bewegung setzt und dieses kosmische Lichtfeld verläßt; aber du spürst auch, du nimmst einen Teil dieser kosmischen Energie mit, du hast diese kosmische Energie in dir. Und mit dieser neu gewonnenen Kraft ist eine tiefe Zufriedenheit in dich eingeströmt. Du spürst ganz deutlich diese tiefe Zufriedenheit, die in dir ist, die dein ganzes Sein erfüllt. Deine Wolke fliegt zurück durch das Weltall. Du kommst wieder vorbei an den Sternen und den Planeten. Du fliegst zurück durch das Weltall, und du fühlst dich wohl und geborgen. Du ruhst in dir selbst. Du ruhst in dir. Du fühlst dich wohl, und du weißt, du bist frei. Und du weißt, das Universum sorgt für dich.

Übungen, die deine Intuition stärken

Als Albert Einstein einmal gefragt wurde, was denn das Geheimnis bei der Entwicklung der Relativitätstheorie gewesen sei, antwortete er: »Der wirklich wertvolle Faktor war Intuition.«

Nun glaube aber nicht, daß nur Geistesgrößen wie Herr Einstein über diesen »wertvollen Faktor« verfügen. Auch die Mutter, die nachts ohne besonderen Anlaß den Drang verspürt, nach ihrem Baby zu sehen, handelt intuitiv. Oder der Geschäftsmann, der einer Situation mißtraut, obwohl nichts Greifbares vorliegt. Intuition ist die Eingebung, die innere Stimme, die Belehrung, die aus dem eigenen Inneren kommt. Oft tritt dieses Wissen sehr plötzlich an die Oberfläche des Bewußtseins. Jeder Mensch, so auch du, verfügt über Intuition. Wenn du aber das Gefühl hast, nicht intuitiv zu sein, ist diese Gabe bei dir allenfalls verschüttet, ist lediglich inaktiv. Die Stimme der Intuition ist leise. Sie ist nur vernehmbar, wenn sich der Geist in einem Zustand der Entspannung, Friedfertigkeit und Stille befindet.

Vertraue deiner inneren Stimme und entkräfte ihre Weisungen nicht durch spitzfindige logische Argumente. Dein Intellekt soll deine intuitiven Erkenntnisse nicht zerpflücken. Er soll vielmehr Wege finden, sie nutzbar zu machen.

Wenn du einmal gelernt hast, dein intuitives Verstehen zu gebrauchen, so wirst du niemals mehr zu der alten Methode des logischen Kombinierens und der angestrengten Willenskraft zurückkehren, genauso wenig wie jemand, der die Elektrizität zu handhaben gelernt hat, zu Kohle oder Öl zurückkehrt.

In der Intuition liegt die Lösung deiner Probleme

Intuition löst Probleme, schafft überraschende Auswege aus verfahrenen Situationen und eröffnet dir ungeahnte Möglichkeiten. Du kannst die Macht der Intuition gar nicht überschätzen. Laß diese Geisteskraft in dir erwachen. *Glaube* an ihre immerwährende Existenz in deinem Inneren. Sage dir oft während eines Tages:

Ich bin intuitiv.

Hier eine Übung, die deine intuitive Kraft stärkt:

> Geh in eine tiefere Entspannung. Stell dir vor, wie du mit einem Menschen, den du sehr magst, Freundschaft schließt. Vielleicht lächelt ihr euch an, berührt euch, tauscht Geschenke aus. Es ist gleichgültig, was du tust, du sollst nur ein Gefühl der innigen Freundschaft zum Ausdruck bringen. Und nun wähle den Sitz deines Unterbewußtseins in deinem Körper aus. Ist es im Kopf, im Herzen? Im Bauch, im Becken? Triff deine Wahl spontan, nicht nach logischen Überlegungen. Nun stell dir vor, daß dein Unterbewußtsein in dem von dir gewählten Körperteil eine Form hat. Ist

es ein stiller, tiefer See? Ist es ein Feuerball? Ist es eine Quelle? Wenn du dein Bild gefunden hast, dann beginne mit deinem Unterbewußtsein Freundschaft zu schließen. Sag ihm vielleicht, daß du seine Fähigkeiten achtest und bewunderst, und bitte es darum, dir mit intuitiven Eingebungen zu Hilfe zu kommen. Sei ganz offen, zärtlich und gefühlvoll bei dieser Freundschaftszeremonie. Zum Schluß bedanke dich bei deinem Unterbewußtsein und verabschiede dich in dem Wissen, ein Bündnis mit dem wichtigsten Freund deines Lebens geschlossen zu haben.

Diese Übung hat oft eine große Wirkung, oft beschenkt dich dein Unterbewußtsein noch am gleichen Tag mit einer wertvollen Erkenntnis und es eröffnen sich dir neue, ungeahnte Möglichkeiten.

Doch Intuition ist nicht Versenkung in das eigene, innere Selbst. Intuition ist der Kanal, durch den Ideen zu dir kommen. Intuition hilft dir teilzuhaben am kosmischen Wissen.

Gewöhnlich denken wir, daß unser »Ich«, unsere Persönlichkeit, etwas vollkommen Getrenntes von anderen »Ichs«, von der Welt da draußen ist. Doch wir haben schon gesehen, daß das eine Illusion ist, daß in Wahrheit alles, was in diesem Universum existiert, miteinander in Beziehung steht. »Wer Gott nicht überall sieht, sieht ihn in Wahrheit nirgendwo.« Es gibt keinen Gott, kein göttliches Wissen »da draußen« und »da oben« oder irgendwo. Das was du suchst, sucht auch dich und so ist das Absolute (Gott) zwar nicht irgendwo, aber keineswegs nirgendwo.

Gott, das Göttliche, ist in uns.

Wissenschaftler haben herausgefunden, daß Menschen aus derselben Art von Materie bestehen wie die Sterne. Wir alle sind also Sternenstaub. Ist das nicht eine wunderschöne Vorstellung? Der Sinn unseres Lebens liegt darin, »selbstbewußt« zu werden, das heißt, unsere kosmische Größe, unsere göttliche Natur zu erkennen. Wenn wir aus Sternenstaub sind, wie könnten wir uns dann provinziell nennen? Unser Wesen ist universell kosmisch, prinzipiell. Der nächste Schritt sollte eigentlich leicht sein und uns helfen zu erkennen, daß durch uns das gleiche Prinzip wirkt, das auch das Universum geschaffen hat. Deine Intuition hilft dir dabei mehr, als es dein rationaler Verstand je könnte. Intuition ist dieser Verbindungskanal zwischen innen und außen, zwischen dem Individuellen und dem Universellen. Sozusagen die »Standleitung« von der prinzipiellen Ebene zu den individuellen Bereichen in dir. Wenn du dich der Seite deines intuitiven Wesens öffnest, hast du zugleich den Königsweg zu deinem eigenen Inneren und hinaus in die unendlichen Möglichkeiten des universalen Geistes gefunden.

Frag doch einfach mal

Vielleicht ist dir die unendliche Weite, die kosmische Dimension, mit der du durch deine Intuition in Verbindung stehst, noch wenig vertraut. Dann betraue deine intuitive Erkenntnisfähigkeit doch erst einmal mit kleineren Aufgaben, die dir persönlich aber sehr am Herzen liegen.

Hier eine Übung:

Nehmen wir an, du hast ein bestimmtes Problem. Du hast schon viel hin und her überlegt, gegrübelt, analysiert, erwogen, vieles in Betracht gezogen. Dein Verstand hat dir aber keine Lösung geboten, die dir »eingeleuchtet« hat. Nun mach folgendes. Tu, als wäre dein Problem ein Ding. Nimm einen Karton und pack dein Problem hinein. Schließe den Karton fest – wenn du magst, kannst du Geschenkpapier drumherum wickeln und eine schöne Schleife anbringen –, denn Probleme sind Geschenke, die wir uns selber machen. Trag das Paket in den Keller. Es ist ein schöner, sauberer, trockener Raum. Dort steht ein breites Regal. Leg dein Paket in dieses Regal und verlasse den Raum, schließe die Tür hinter dir ganz fest. Und nun denke nicht mehr an dein Problem. Das ist sehr wichtig: Zieh deine Gedanken *vollkommen* ab von deinem Problem. Wenn immer du daran denken möchtest, unterbrich deinen Gedankenfluß sofort. Nach einiger Zeit wird aus dem »Keller« – deinem Unterbewußtsein – intuitiv eine Lösung für dein Problem aufsteigen.

Diese Paket-Übung ist dann sehr effektiv, wenn man es schafft, das Problem in Ruhe zu lassen!

Nicht immer hat man so säuberlich »abgepackte« Probleme. Oft fühlt man sich nur irgendwie am Ende mit seinem Latein, ausgelaugt und hilflos. Man weiß, daß etwas schiefläuft, aber man kann nicht genau sagen, was. Wenn deine intuitiven Fähigkeiten zugeschüttet sind, hast du leicht das Gefühl, in Routine erstarrt zu sein. Dann ist es Zeit, ganz direkt mit deinem Selbst in Kontakt zu treten.

Entspanne dich, geh nach der Notizbuch-Methode in Trance. Stell dir vor, du stehst auf einer Sommerwiese. Es ist angenehm warm, du hörst das Zwitschern der Vögel, du siehst die bunten Blumen und atmest ihren Duft ein. Ein leichter Wind streicht über dein Gesicht. Du fühlst dich sehr wohl. Nun gehst du einen Weg entlang, langsam, in aller Ruhe. Da siehst du in der Ferne eine Gestalt, die dir entgegenkommt. Du kannst nicht erkennen, wer das ist, aber du spürst, daß diese Gestalt Wohlwollen und Wärme ausstrahlt. Du hast Vertrauen zu ihr, du gehst ihr gern entgegen. Nun begegnet ihr euch auf deinem Weg, und du »erkennst« diese Gestalt, die die innigsten und liebevollsten Gefühle in dir wachruft. Vielleicht ist es jemand, den du kennst, vielleicht ein alter Mann oder eine weise Frau. Das ist belanglos, gib der Gestalt die Eigenschaft, der du das größtmögliche Vertrauen schenken kannst. Nun setzt du zusammen mit diesem Wesen deinen Weg fort. Ihr kommt in eine kleine Kapelle. Diese Kapelle ist so ausgestattet, daß du dich sehr wohl darin fühlst. Die Kapelle ist wunderschön, statte sie weiter aus, mit Gold, Malereien, Marienstatuen, Jesusfiguren, Buddhas, was immer du möchtest. Nun beginnst du mit deinem BegleiterIn eine Unterhaltung. Frag ihn/sie alles, was du wissen möchtest. Über deinen Lebensweg, über bestimmte Konflikte, über Gesundheitsprobleme. Dieses Wesen ist dein *Selbst*, und es weiß alles über dich, in der Vergangenheit, Gegenwart und Zukunft. Werde still und du wirst Antworten erhalten. Vielleicht nicht in Worten, sondern in Symbolen, Gefühlen oder Bildern. Unterhalte dich mit deinem Selbst, solange du willst. Wenn du das Gefühl hast, daß es genug ist, bedanke und verabschiede dich. Geh in völligem Wohlbefinden und dem Wissen, daß sich alles zum besten gewendet hat, den Weg durch die Wiesen zurück.

Mit dieser Übung kannst du die wichtigste Entdeckung deines Lebens machen. Du erkennst, vielleicht urplötzlich, daß alles, was du brauchst, in dir ist, schon immer da war. Alle Hilfe, die es gibt, gibst du dir selbst (fast). Alles was du nicht hast, hast du dir selber vorenthalten. Äußere Umstände, andere Menschen können nur Anstöße geben, damit du diesen Schatz in dir entdeckst.

Übungen, um das »Jetzt« besser zu erfahren

Es war einmal ein berühmter Zen-Meister, der wußte, daß seine Zeit zu sterben gekommen war. Alle seine Schüler hatten sich vor seinem Haus versammelt und warteten auf eine letzte große Wahrheit des Meisters. Da ließ er seinen Lieblingsschüler zu sich rufen und beauftragte ihn damit, ihm ein Stück Kuchen zu holen. Der Schüler holte den Kuchen und ging wieder zu seinem Meister. Als er nach einiger Zeit aus dem Haus kam, bestürmten ihn die anderen Schüler, ihnen zu sagen, welche große Wahrheit der Meister am Ende seines Erdenlebens verkündet hatte. Der Lieblingsschüler sagte: »Der Meister hat gesagt: Der Kuchen war köstlich.«

Und nun eine Anekdote über einen Studenten, der sich einem psychologischen Test unterzog. Der Psychologe zeigte ihm ein Bild, auf dem eine Waldwiese zu sehen war, und fragte ihn: »Woran denken Sie dabei?« Der Student sagte: »An Sex.« Der Psychologe zeigte ihm ein Bild, auf dem eine Stadtansicht zu sehen war, und fragte ihn: »Woran denken Sie dabei?« Der Student sagte: »An Sex.« Der Psychologe zeigte ihm ein abstraktes Gemälde und fragte: »Woran denken Sie dabei?« Der Student antwortete: »An Sex.« Dann zeigte ihm der Psychologe ein Bild, auf dem ein Paar in heftiger Umarmung zu sehen war. Er fragte: »Woran denken Sie dabei?« Der Student sagte: »An mein Auto.«

Die meisten Menschen gehen wie im Schlaf durchs Leben und hängen mit ihren Gedanken entweder in der Vergangenheit oder in der Zukunft. Oder sie träumen sich an einen anderen Ort. Wenn sie im Theater sitzen, denken sie an die Skipiste, wenn sie auf der Skipiste sind, denken sie an die Sauna, wenn sie am Strand liegen, denken sie an Sex, wenn sie Sex haben, denken sie an ungebügelte Hemden... Schläfst du dich auch mit offenen Augen durchs Leben? *Wach auf*, erkenne, daß das Leben hier und jetzt und nicht »Wenn... dann« ist, denke nie mehr: *Wenn* ich ein Haus habe, *dann* bin ich glücklich. Oder *wenn* meine Kinder erwachsen sind, *dann* tue ich etwas für mich. Oder gar: Wenn ich dies oder jenes *hätte* oder *wäre*, *dann*... Es gibt kein wenn... dann. Es gibt nur dich, jetzt, und diesen Augenblick. Alles, was du verändern willst, weil es dich behindert, muß hier und jetzt geändert werden. Die Zukunft ändert sich nur, wenn die Gegenwart umgestaltet wird. Alles, was du tun willst, kannst du nicht irgendwann tun, sondern du solltest jetzt gleich damit beginnen. Heute ist der erste Tag vom Rest deines Lebens.

Hier eine kleine Übung:

> Sag dir ganz unvermittelt – oder laß es dir von jemand anderem zurufen – das Wort »Stopp«. Halte daraufhin auf der Stelle mit allem inne, was du gerade tust. So als ob ein Film »einfriert«. Werde dir deines Gefühls für dich bewußt. Welche Muskeln spannst du gerade an? Welche Empfindungen hast du in diesem Moment? Fahre nach einigen Sekunden mit dem fort, was du gerade tust.

Gewöhne dir möglichst an, auch wirklich bei dem zu sein, was du gerade tust. Führe deine Gedanken geduldig und beharrlich immer wieder zu deiner unmittelbaren Gegenwart zurück. Glück ist ein Gefühl der vollkommenen »Gegenwärtigkeit«. Wenn du dich an besondere Glücksmomente in deinem Leben erinnerst, wirst du eine Gemeinsamkeit erkennen: Du warst vollkommen im Jetzt, jede Empfindung für Zeit hatte sich aufgelöst.

Die letzte große Wahrheit des sterbenden Zen-Meisters war also: Seid gegenwärtig, kostet den Augenblick aus, bis zur allerletzten Sekunde eures Lebens. Denn das ist das Leben: der Geschmack des Kuchens auf der Zunge. Der Hauch des Windes, der über das Schilf streift. Der Moment, in dem dir ein Freund tief in die Augen sieht, um dann für immer wegzugehen.

Hier eine Übung:

> Setz dich ganz entspannt und bequem hin. Leg die Hände auf die Oberschenkel, so daß die Handinnenflächen nach oben gekehrt sind, aber ohne Anstrengung. Schließ die Augen. Laß los. Laß geschehen, was immer geschieht. Laß ein Gefühl in dir entstehen, das angenehm ist. Da ist kein Mensch, der dir etwas vorschreibt. Es ist ganz allein dein

Gefühl. Laß dich jetzt tief in dieses angenehme Gefühl hineingleiten. In innere Ruhe, in Harmonie und Frieden. Dehne dieses Gefühl auf den ganzen Raum aus, in dem du dich befindest. Erhöhe deine Stimmung, deine innere Schwingung, indem du dir vorstellst, daß Licht in dir ist. Überall in dir ist Licht. In deinem Kopf, in deinem Oberkörper, in deinem Unterleib, in deinen Armen, in deinen Beinen. Nun ist das Licht dabei, durch deine Poren nach außen zu dringen. Wenn du die Augen öffnest, kommt ein Strahlen aus ihnen. Fühle mit deinem ganzen Körper, mit deinem ganzen Sein, wie strahlendes Licht von dir ausgeht. Es ist schön, hierzusein. Es ist schön, dazusein, einfach nur zu sein. Teilzuhaben. An allem teilzuhaben. Hier und jetzt.

Diese Übung wird dich öffnen, durchlässig, empfänglich machen für alles, was ist.

Lerne wieder zu hören

Weil wir zwei Ohren, aber nur einen Mund haben, könnte man annehmen, der Schöpfer meinte, wir sollten doppelt soviel zuhören, wie sprechen. Ein Naturphilosoph des letzten Jahrhunderts hat gesagt: »Das Auge ist nach außen gerichtet, es erfaßt immer nur den äußeren Menschen. Das Ohr dagegen zieht die Außenwelt in die menschliche Seele ein und erfaßt den inneren, verborgenen Menschen. Das Gehör ist also der zentrale Sinn.«

Wir alle sind Augenmenschen. Wir geben sehr viel auf das *Aussehen* eines anderen, wir vertreiben uns die Zeit mit *Fernsehen*, wollen aber nicht *einsehen*, was wir in der Welt sehen. Die berühmten Seher der Antike, die hinter die Dinge schauen konnten, waren blind. Unseren Gehörsinn haben wir dagegen unempfänglich gemacht. Wir wollen nicht *hören*, wir können nicht *zuhören*, wir erzeugen Lärm um uns herum, um Botschaften der Stille nicht ertragen zu müssen.

Stille führt nach innen, zu uns selbst. Warum kannst du es

manchmal nicht aushalten, wenn es vollkommen still um dich herum ist? Weil du dir dann selbst begegnest. Hab Vertrauen. Such diese Begegnung geradezu, es könnte die wichtigste Begegnung deines Lebens sein. Wir haben schon gesagt, daß die Stimme der Intuition leise ist. Öffne deine Ohren und vernimm die Innenseite der Dinge. Mach dich empfänglich für die feinen, hohen Frequenzen. In einem Radio stellt man meist den Sender ein, den man am klarsten empfängt. Wenn du diesen Sender den ganzen Tag hörst, wirst du feststellen, daß auf diesem Kanal auch viel Dummes und Seichtes kommt. Irgendwann wirst du auf die Suche nach anderen Sendern gehen. Sie werden vielleicht nicht so deutlich zu empfangen sein, aber du wirst mit wunderschöner Musik oder wertvollen Informationen beschenkt. Ab jetzt willst du nie wieder nur einen einzigen Sender hören.

Nimm nicht nur die Seiten der Wirklichkeit an, die dir am deutlichsten vor Augen geführt werden. Du kannst das Laute, Bunte, Direkte genießen. Aber geh weiter, geh durch das Augenscheinliche hindurch und *höre die Stille*.

Hier eine alte Zen-Übung:

> Setz dich hin, schließe die Augen. Laß deinen Atem ganz entspannt durch deinen Bauch fließen. Höre auf deinen Atem. Wenn du das eine Weile getan hast, wirst du durch deinen Atem hindurch hören. Du hörst jetzt den Raum, in dem du sitzt. Nimm dir aber nicht vor, ihn unbedingt hören zu wollen. Höre ihn einfach. Höre dann durch den Raum. Vielleicht hörst du Autohupen, Radiomusik, Stimmen. Nimm alles hin, sortiere nicht, was du gerne hören möchtest und was nicht. Jetzt höre durch alle Geräusche hindurch. Höre hinter die Geräusche. Dort ist die Stille. Jetzt hörst du nur noch deinen eigenen Körper, ein Pochen vielleicht. Wenn Gedanken kommen, laß sie vorbeiziehen. Vielleicht nicht beim ersten Mal, aber irgendwann erfährst du: Auch die Stille ist laut, die Stille dröhnt. Höre auch durch dieses

Dröhnen hindurch. Du bist jetzt deine Ohren. Deine Ohren sind Segel, mit denen du auf dem Meer des Seins unterwegs bist. Laß dich einfach auf diesem Ozean der Stille treiben. Beginne auf das zu lauschen, was dir hinter dem Leisesten, von dir noch Wahrzunehmenden begegnen wird.

Wenn du die Ewigkeit erfahren willst, dann solltest du das Jetzt erleben können, denn beides ist eins. Wenn du die Zukunft verbessern willst, so gibt es keinen anderen Weg, als das Jetzt zu verändern.

Du solltest wissen,
die Kraft zu verändern liegt in der Gegenwart, hier und jetzt.

Das bedeutet, hier und jetzt ist der Hebel, an dem du ansetzen kannst, denn dieses Hier und Jetzt ist die einzige Realität, die wir haben. »Vergangenheit«, »Zukunft« und »Ewigkeit« sind gedankliche Abstraktionen, welche für dein Gedeihen ohne Bedeutung sind. Du solltest also erst einmal deinen gegenwärtigen Zustand annehmen, um ihn dann verändern zu können.

Der Kraftpunkt liegt in der Gegenwart. Erweckt dieser schöne Satz nicht auch in dir ein herrliches Gefühl von Stärke, Chance, Möglichkeit oder, modern ausgedrückt, »Power«? Da ist keine Vergangenheit, die dich nach unten zieht, da gibt es keine Zukunft, die drohend vor dir liegt. Das einzige, was gilt, ist das Jetzt. Und dieses Jetzt ist dein Sprungbrett. Jetzt.

Und jetzt.

Partner- und Gruppenübungen

In der Gruppe

Ein organisches Ganzes ist mehr als die Summe seiner Teile. Eine Gruppe hat mehr Energie, als die addierte Energie ihrer Mitglieder ergibt. Gerade wenn du scheu, in dich gekehrt und am liebsten allein bist, würde dir Aktivität in einer Gruppe guttun, denn nur *unter* Menschen verlierst du die Angst *vor* Menschen. Wir machen im folgenden Vorschläge für Übungen, die du in der Gruppe – vielleicht in deinem Freundeskreis – ausprobieren kannst. Achte darauf, daß niemand unter euch geistig krank ist. Arbeitet am besten mit einem Therapeuten. Du solltest auch keinesfalls bei euren Treffen *nur* diese Übungen machen, es passiert dann zu wenig, und ihr werdet vielleicht enttäuscht auseinandergehen. *Es ist sehr sinnvoll, sich für diese Übungen vorher »weich« zu machen, das heißt, Spannungen körperlich abzureagieren.* Das kann man durch mehrere Verfahren erreichen. Eine dynamische Meditation eignet sich ausgezeichnet dafür. Wenn du sie nicht kennst, such dir jemanden, der sie dir beibringt. Sie ist nicht schwierig, aber durch Worte nicht richtig zu erklären, man lernt sie am besten durch »mitmachen«. Sehr gut ist es auch, mindestens eine Stunde lang zu lauter Musik ekstatisch zu tanzen. Oder zu joggen (10 km!). Denk dir etwas Geeignetes aus, aber tu *auf jeden Fall* etwas.

Und nun zu den Übungen:

> Zwei sitzen sich gegenüber, sie können sich an den Händen fassen. Einer ist A, der andere B. Nun beginnt A zu fragen: »Wodurch begrenzt du dich?« B antwortet. A geht nicht auf die Antwort ein und fragt wieder: »Wodurch begrenzt du dich?« B antwortet. A stellt die gleiche Frage. B antwortet wieder. Das ganze zehn bis zwanzig Minuten lang, dann werden die Rollen vertauscht.

Es ist wichtig, daß die Antworten auf diese Frage spontan und aus dem Bauch heraus kommen. Versucht nicht, beeindruckende intellektuelle Begründungen zu geben. Die Antworten müssen auch nicht »logisch« sein. Sie *haben* ihre Logik, darauf kannst du dich verlassen.

Eine ähnliche Übung:

Zwei sitzen sich gegenüber, sie können sich an den Händen fassen. A beginnt, von sich zu erzählen. B unterbricht ihn, wann immer es geht, mit der Frage: »Warum?« A sollte darauf eingehen, auch wenn es scheinbar keine Antwort gibt. Das Ganze zwanzig Minuten lang, dann werden die Rollen getauscht.

Diese Übung führt dich zu der Erkenntnis, daß *du* der Verursacher deiner Erfahrungen bist und niemand sonst. Bei der folgenden Übung sollten mehr als zehn Personen in der Gruppe sein und ein Therapeut. Sie klingt sehr harmlos, aber sie kann viel aufbrechen.

Ihr setzt euch zu zweit gegenüber, und jeder schaut dem anderen unverwandt ins linke Auge (Brillen bitte abnehmen). Es sollte dabei nicht geblinzelt werden, auch wenn die Augen tränen. Der Therapeut bestimmt das Ende der Übung.

Die Wirkung ist enorm, weil mit den Tränen auch Emotionen hochkommen, die in den Tiefen der Seele vergraben waren. Durch das Freisetzen dieser Gefühle kommt ein innerer Reinigungsprozeß in Gang. Gefühle, die man nicht ausdrückt, vergißt man nie! Deshalb ist es so wichtig, gerade negative, schmerzliche Gefühle an die Oberfläche zu lassen, um sie über das Bewußtmachen zu transformieren und sich von ihnen zu befreien.

Bei der nächsten Übung solltest du schon etwas Erfahrung mit Gruppenarbeit haben, und alle sollten innerhalb von sehr kurzer Zeit in Trance gehen können.

Ihr setzt euch auf den Boden, ganz eng zusammen, umschlingt euch mit den Armen. Geht nun in Trance und beginnt, gemeinsam zu atmen, anfangs ein wenig hyperventilieren, also in einem schnelleren Rhythmus atmen. Ihr könnt auch einen gemeinsamen Summton finden. Nach fünf bis zehn Minuten beginnt irgendeiner der Gruppe mit einem bestimmten Thema – aus dem Bauch heraus zu sprechen. Bei diesem Thema bleibt ihr dann für die ganze Übung. Nehmen wir an, einer sagt: »Ich sehne mich nach Gesundheit.« Nach zwei Sekunden oder einer Minute, wie es gerade kommt, fügt jemand eine ganz spontane Aussage zum Thema Gesundheit hinzu. Zum Beispiel: »Gesundheit ist Lachenkönnen.« Dann ein anderer, dann der nächste, dann ruhig alle durcheinander. Während der ganzen Übung habt ihr die Augen geschlossen.

Es kommt hier darauf an, daß alle Aussagen ganz spontan und aus dem Bauch (Unterbewußtsein) heraus gemacht werden. Es geht nicht darum, Lexikondefinitionen zu finden oder durch Klugheit zu beeindrucken. Du sollst nur den Begriff mit Inhalt füllen, ihn bildhaft und erfahrbar machen. Andere Begriffe, die ihr euch nach und nach vornehmen könnt, sind: Glück, Liebe, Harmonie, Intuition, Geist oder Geld. Jeder einzelne von euch wird gestärkt aus dieser Übung hervorgehen.

Und nun eine Vertrauensübung:

Bildet einen oder mehrere Kreise, je nachdem, wie viele ihr seid, mit sieben oder acht Personen. Einer stellt sich in die Mitte und schließt die Augen. Er steht ganz gerade, die Füße nebeneinander, die Knie durchgedrückt, die Arme seitlich an den Körper gelegt. Nun beginnt diese Person in der Mitte, sich zu irgendeiner Seite fallen zu lassen. Also mit durchgedrückten Knien, nebeneinander gestellten Füßen, an der Seite liegenden Armen und *ohne* in den Hüften abzuknicken. Die anderen im Kreis fangen den Fallenden auf und stellen ihn behutsam wieder in die Mitte. Es wird so lange gewechselt, bis jeder einmal für mindestens fünf Minuten in der Mitte stand.

Wenn du diese Übung zum erstenmal machst, ist es dir sicherlich ein bißchen unheimlich, wenn du dich fallen läßt. Indem du aber deinem Reflex, ein Bein vorzusetzen, in den Hüften abzuknicken oder die Arme auszustrecken nicht nachgibst, wirst du ein wunderbares Gefühl von Geborgenheit erleben und wieder zu vertrauen lernen.

Und hier noch zwei Übungen zur Selbsterkenntnis:

> Zwei, die sich schon kennen, sitzen sich gegenüber. A fragt B: »Was glaubst du, denke ich von dir?« B antwortet darauf. A geht nicht auf die Antwort ein, läßt B ausreden und stellt wieder die gleiche Frage. Zehn Minuten lang. Danach werden die Rollen getauscht.

Diskutiert *nicht* darüber, ob der andere recht oder unrecht hat mit dem, was er gesagt hat. Denke still für dich darüber nach, *warum* der andere zu eventuell so ausgefallenen Ansichten gekommen ist.

Und nun die Übung »Verzeih dir und allen alles«:

> Zwei Personen sitzen sich gegenüber. A fragt B: »Was kannst du dir in deinem Leben nicht verzeihen?« B antwortet. A fragt so lange, bis B nichts mehr einfällt. Dann fragt A: »Was kannst du anderen nicht verzeihen?« B antwortet. A fragt so lange, bis B nichts mehr einfällt. Dann werden die Rollen getauscht. Zum Schluß stellt ihr euch vor, daß euer Gegenüber all die Personen in sich vereinigt, denen ihr etwas nicht verzeihen könnt. Und jetzt verzeihst du deinem Gegenüber stellvertretend für alle Personen, die dir etwas angetan haben.

Mißbrauche diese Übungen nicht als Partyspiele. Sie haben nur dann eine therapeutische Wirkung, wenn du sie als ernsthafte Gruppenarbeit – möglichst unter Anleitung eines Therapeuten –

verstehst. Dann wird der Nutzen, den du aus ihnen ziehst, außerordentlich groß sein.

Partnerspiele für zu Hause

Hier einige Übungen, die du mit einem Partner auch zu Hause machen kannst.

> Diese Übung wird deine Sensitivität erhöhen:
> Legt euch für die Dauer eines Gesprächs Augenbinden an. Ihr werdet feststellen, daß ihr plötzlich ein Gespür für Nuancen und falsche Töne habt, für das, was »dahinter« ist.

Die Augen zu schließen und nur zu hören, was jemand sagt, ist eine gute Methode, ganz neue Informationen über Menschen zu bekommen. Deine Augen werden viel zu oft durch das Aussehen eines anderen getäuscht, nur weil er gerade deinem Bild von Attraktivität entspricht oder eben nicht entspricht.

Die folgende Übung schärft die Sinne und die Wahrnehmung der Umwelt:

> Einer verbindet sich die Augen und tut so, als ob er blind wäre. Der andere erklärt ihm nun die Umgebung. Er schildert Farben und Formen in allen Einzelheiten. Er beantwortet die Fragen des »Blinden« ganz genau.

Hier eine Übung, die dich sensibilisiert:

> Macht einen Spaziergang miteinander und sagt immer abwechselnd: »Ich bin mir bewußt, daß...« Also zum Beispiel: »Ich bin mir bewußt, daß Wolken am Himmel stehen. Ich bin mir bewußt, daß ich Bauchschmerzen habe. Ich bin mir bewußt, daß ich mich mit dir sehr wohl fühle...«

Und hier noch eine höchst wirkungsvolle Übung, wenn du mit deinem Partner Streit hast und jedes Gespräch nur in Aggression, Türenknallen oder eisigem Schweigen endet.

> Setzt euch auf den Fußboden, Rücken an Rücken. A beginnt zu sprechen, redet sich alles von der Seele, was er sagen möchte, so lange er will. B muß schweigen, er darf *kein* einziges Wort sagen und auch keine Reaktion – etwa verächtliches Schnauben oder ähnliches – zeigen. Die Sitzung ist zu Ende, wenn A es möchte (50 bis 60 Minuten oder länger). Auch danach findet *keine* Diskussion statt! Am nächsten Tag werden die Rollen vertauscht, am folgenden wieder und so weiter.

Nach drei, vier Tagen wirst du feststellen, daß du eigentlich das gleiche wie dein Partner willst und immer nur an ihm vorbeigeredet hast.

Übungen mit Kindern

Hier ein Spiel, das einem Kind große Freude macht:

> Setzt gemeinsam einen Zeitraum fest von einem Tag, einer Stunde, einer Woche, was immer ihr wollt. In diesem Zeitraum darf das Kind bestimmen, was gemacht wird.

Du kannst viel aus den »Wünschen« deines Kindes über dich und dein Verhalten ihm gegenüber lernen!

Mit der nächsten Übung bringst du dein Kind zum Sprechen, wenn es mit seinen Problemen nicht recht rausrücken will:

> Denk dir den Anfang einer Geschichte aus. Ein Märchen vielleicht. Jeder von euch fügt immer abwechselnd der Geschichte einen oder mehrere neue Sätze hinzu, an denen der

andere dann anknüpfen muß. Bis die Geschichte ganz von selbst zu Ende ist.

Du wirst erstaunt sein, welche Dramatik die Handlung erreicht. Da eure Einfälle natürlich aus dem Unterbewußtsein hochsteigen, kannst du sehr gut akute Probleme darin erkennen.

Nun eine Übung, die vor allem für kleinere Kinder geeignet ist:

Sag deinem Kind, es soll seine Familie malen. Aber alle Familienmitglieder (es selbst eingeschlossen) müssen als Tiere dargestellt werden.

Dies ist ein bewährter Test aus der Kinderpsychologie. Denn je nachdem, ob der Vater zum Beispiel als Hase und die Mutter als Elefant dargestellt ist (oder umgekehrt), kannst du aus diesem Bild herauslesen, wie das Kind die Familiendynamik empfindet.

Positives Denken im Alltag

Wann hast du dich zum letztenmal *selbst* so richtig verwöhnt? Sag nicht: »Das geht doch nicht.« Oder womoglich: »Ich habe Wichtigeres zu tun.« Wir alle sind Sinnmenschen, wir lieben es, schöne Dinge zu sehen, zu hören, zu fühlen, zu riechen, zu schmecken. Wer sich zur »Vergeistigung« zwingt, unterdrückt wesentliche Teile seiner Persönlichkeit. Geh nicht an deiner Sinnlichkeit vorbei, geh durch sie hindurch. Gerade wenn du die materielle Welt überschreiten willst. *Überschritten, transzendiert werden kann nämlich nur das Erfahrene, nicht* das Verdrängte oder Gemiedene.

Lerne, das Leben zu genießen. Ein anderer kann dir vielleicht Genüsse schenken, aber nicht Genußfähigkeit. Wenn du dich selbst, ganz für dich allein, verwöhnst, entwickelst du diese Genußfähigkeit. Und dann bist du auch für Verwöhnen und verwöhnt werden erst richtig aufgeschlossen.

Schwelge doch mal in Phantasien darüber, was dir guttun würde. Es ist vollkommen egal, was »die anderen« davon halten. Du tust es ja für dich, nicht für die anderen. Brich aus deinen routinemäßigen, vielleicht schalen Vergnügungen aus, laß dir mal etwas »Lust«iges einfallen. In diesem Sinne geben wir dir ein paar kleine Anregungen:

Tip 1: Nimm ein Bad mit einem ausgesuchten Badezusatz. Ergeh dich in kennerischer Bewunderung für deinen Körper. Leg besonderes Augenmerk auf die Körperteile, die auch von anderen immer wieder gelobt wurden.

Tip 2: Gerade wenn du sehr vernünftig mit Süßigkeiten umgehst: Such dir aus dem Kochbuch ein Dessert aus, bei dem dir das Wasser im Munde zusammenläuft, und bereite eine Riesenportion ganz für dich allein zu.

Tip 3: Lümmle dich mitten am Vormittag auf die Bank vor deinem Lieblingsbild im Museum hin.

Tip 4: Geh am Nachmittag in den Film, der dein besonderes Interesse geweckt hat, weil alle gesagt haben, daß er unter deinem geistigen Niveau ist.

Tip 5: Kauf dir die schönste überflüssige Kleinigkeit, die dir gerade einfällt (das Buch, das du nicht für deine berufliche Fortbildung brauchst, den Lippenstift, der zum Halsband deines Hundes paßt, den Blumenstrauß in deiner Lieblingsfarbe, die Fahrkarte 1. Klasse nach nirgendwohin).

Tip 6: Laß dir eine Massage geben, falls du das bisher für Verweichlichung hieltest.

Tip 7: Stell deine Lieblingsmusik für fünf Minuten so laut, daß die Wände wackeln (es muß ja nicht gerade um Mitternacht sein).

Tip 8: Halte gänzlich ungeniert einen Mittagsschlaf, wenn du eigentlich gar keine Zeit dazu hast.

Tip 9: Hol dir dein Lieblingsessen aus dem Restaurant. Speise mit großem Genuß allein und beglückwünsche dich, daß du dich in so ausgezeichneter Gesellschaft befindest.

Tip 10: Bereite dir ein exquisites Getränk zu, lehne dich zurück und ruf dir alle Komplimente ins Gedächtnis, die dir je gemacht wurden (über dein spitzbübisches Lächeln, deine Grazie beim Pfannkuchenwenden, deine lässige Art im Umgang mit dem Finanzamt...).

Die Kunst, Komplimente zu machen

Komplimente zu machen ist eine wirkungsvolle Methode, Positives Denken »unter die Leute« zu bringen. Damit ist natürlich nicht jenes mechanische »gut siehst du heute wieder aus« gemeint oder gar unehrliche Schmeicheleien. Es ist schon erstaunlich, wieviel leichter es uns fällt, einem anderen etwas Kritisches zu sagen, als ihn zu loben. Achte einmal darauf, ob du öfter etwas Positives *denkst*, aber etwas Negatives *sagst*. Vielleicht *denkst* du gerade, daß dein Mann wirklich ein gutaussehender Kerl ist, aber du *sagst*: »Warum hast du denn die Mülltüte schon wieder nicht mit hinuntergenommen!« Vielleicht *denkst* du gerade, daß deine Frau eine ausgezeichnete Köchin ist, aber du *sagst*: »Warum gibt es heute Zitronencreme und keine Orangencreme zum Nachtisch?« Wir halten seltsamerweise tatsächlich gute Meinungen über andere zurück, aus Angst, daraus könnte Hochmut entstehen oder es würde irgendwie ausgenutzt. Knurrig und barsch zu sein wird von manchen Männern als Stärke angesehen.

Chefs meinen oft, daß ihre eigene Bedeutung sinke, wenn sie die Vorteile ihrer Mitarbeiter zu groß herausstreichen. Dabei ist genau das Gegenteil der Fall. Nahezu alle Angestellten, die unzufrieden mit ihren Vorgesetzten sind, vermissen Lob und Anerkennung ihrer Arbeit. Sie schätzen ihren Chef gerade dann, wenn er auch andere neben sich hochkommen läßt. Also, falls du selber ein Chef bist: Nimm dir immer wieder vor, die Leistungen deiner Mitarbeiter *offen* anzuerkennen. Das hat gleich zwei sichere Vorteile: Die Mitarbeiter werden motiviert, und dadurch leisten sie mehr – und sie halten dich für einen tollen Chef! Solltest du kein Chef sein, dann ist es noch wichtiger, dir diese Eigenschaft anzueignen – damit du bald einer bist.

Komplimente zu machen, die andere aufblühen lassen, ist eine Kunst, die erlernt werden kann. In einem gelungenen Kompliment steckt viel Einfühlsamkeit. Die meisten Menschen halten sich in einigen Teilen ihrer Persönlichkeit für stark, in anderen für schwach. Manchmal kann man ihnen das nahezu auf den ersten Blick ansehen. Ein sehr hübsches Mädchen hat zum Beispiel oft Angst, daß man es für dumm halten könnte. Wenn du jetzt der Hundertste bist, der ihr sagt, wie hübsch sie ist, nimmt sie dieses Kompliment vielleicht nur mit einem gequälten Lächeln auf. Wenn du ihr aber sagst, daß dir ihr politisches Urteil oder ihr literarischer Geschmack wichtig ist, machst du ihr damit tatsächlich eine Freude. Ebenso lieben es viele Männer, für die anspruchsloseste Hausarbeit über den grünen Klee gelobt zu werden, und intelligente Frauen hören gern etwas über ihr gutes Aussehen.

Wiederhole nicht gedankenlos Selbstverständlichkeiten, wenn du Komplimente machst. Versuche den Teil einer Persönlichkeit durch Anerkennung zu stärken, der ein bißchen Pflege braucht. Bei Kindern kannst du so auf eine ganz sanfte Art große erzieherische Wirkungen erzielen. Wenn du dein unordentliches Kind für das einzige Mal, wo es sein Spielzeug weggeräumt hat, lobst, ist die Wahrscheinlichkeit, daß sich dieser bemerkenswerte Vorfall wiederholt, schon (etwas) größer.

Sieh in anderen Menschen nicht nur, was sie sind, sondern auch, was sie sein möchten. Hilf ihnen durch deine Bestätigung, auf diesem Weg voranzugehen. Zweifel an sich hat jeder schon selbst genug, es ist nicht deine Aufgabe, sie zu bestärken. Einen anderen in dem zu unterstützen, was er sich von Herzen wünscht, das ist das Schönste, was ein Mensch für einen anderen tun kann.

Schreib's auf

Es gibt eine einfache Methode, die Wichtigkeit von Aussagen zu betonen: Man schreibt sie auf. Leg dir verschiedene Listen an, die du immer wieder durchliest, verbesserst, ergänzt. Hier ein paar Beispiele:

Liste 1: Schreib alle positiven Eigenschaften auf, die du an dir entdecken kannst. Sei nicht zu selbstkritisch dabei. Gerade Eigenschaften, die erst im Ansatz vorhanden sind, können durch diese Form von Bejahungen gestärkt werden.

Liste 2: Notiere alle Situationen und Begebenheiten, in denen du dich besonders gut und erfolgreich fühlst. Denk an alle Lebensbereiche, nicht nur an deinen Beruf. Ergänze diese Liste laufend.

Liste 3: Überlege dir, wie du mit deinen ganz persönlichen Fähigkeiten und Talenten bestimmten Menschen eine Freude machen kannst und wie dein ganz persönlicher Beitrag zur Erhaltung des Friedens in dieser Welt aussehen kann.

Leg auch Listen über Affirmationen an, die dir beim Lesen verschiedener Bücher besonders gefallen haben. Vor allem aber schreibe deine Wünsche und Pläne auf, und zwar so, als *wären sie schon erfüllt.* Also zum Beispiel: »Ich bin Abteilungsleiter in meiner Firma.« Oder: »Ich habe ein Haus am Meer.«

Ist das ein schöner Tag!

Gib jedem Tag ein Wort, ein Thema, das du in deinem ganz normalen Alltag mit Inhalt füllen willst. Das bedeutet nicht, daß du über dieses Thema nachdenken oder etwas lesen sollst. Mach es ausschließlich sinnlich und gefühlsmäßig erfahrbar. Vermeide es, nach den Gründen zu fragen, *warum* du bestimmte Empfindungen hast. *Habe sie einfach.*

Hier ein Beispiel:

Harmonie

- Hör dir Musik an, die du liebst, die du aus dem Bauch heraus als harmonisch empfindest.
- Schau dir ein Bild an, das deinem Sinn für Harmonie entspricht. Betrachte es lange und genau, laß seine Form und seine Farben auf dich einwirken.
- Schau bewußt hin auf dem Markt, wie die Gemüsefrauen ihr Obst und Gemüse aufgebaut haben.
- Triff dich mit einem Menschen, den du als harmonisch empfindest, und führe ein Gespräch mit ihm (aber nicht über den Begriff Harmonie!). Laß seine angenehme Gegenwart bewußt auf dich wirken.
- Betrachte ganz bewußt eine Landschaft in ihrer Ganzheit.
- Schau dir ganz genau an, wie eine einzelne Blume aussieht.
- Spüre in deinen Körper hinein, sei dir des harmonischen Zusammenwirkens deiner Organe bewußt.
- Male ein Bild, das für dich Harmonie ausdrückt. Vielleicht ist es nur ein Kreis, es kommt nicht auf Kunstfertigkeit an.
- Blicke dich in deiner Wohnung um. Wo ist dein Sinn für Harmonie gestört, willst du es ändern?
- Überlege, zu welchen Menschen du im Augenblick disharmonische Beziehungen hast. Entscheide dich für mindestens einen, bei dem du heute einen Schritt zur Harmonisierung unternehmen willst.
- Sauge einen Duft in dich ein, den du besonders magst (Parfüm, Blumen, Essen, den Geruch deines Partners).
- Stell dir ein Gericht zusammen – oder laß es dir zusammenstellen –, das du geschmacklich als harmonisch abgerundet empfindest.
- Umarme und streichle ganz bewußt einen Menschen, den du magst.

Vielleicht findest du Harmonie auch in der perfekten Konstruktion einer Maschine, in einer bestimmten sportlichen Tätigkeit –

deiner Phantasie und deiner Sinnlichkeit sind keine Grenzen gesetzt. Es ist nicht wichtig, was »man« unter diesem Begriff versteht, sondern wie du ihn empfindest.

Andere Themen des Tages könnten sein: Glück, Gesundheit, Frieden, Schönheit, Liebe, Erfolg, Reichtum, Wahrheit – was immer du willst.

Lachen ist gesund

»Lachen ist die beste Medizin«, das ist nicht nur eine Redensart. Ein amerikanischer Starpublizist bewies, daß man das ganz wörtlich nehmen kann: Norman Cousins litt an einer unheilbaren Krankheit, bei der sich das Bindegewebe im Rückgrat nach und nach auflöst. Die Ärzte gaben ihm keine Chance mehr, doch Cousins fand sich mit dieser Diagnose ganz und gar nicht ab. Er hatte gelesen, daß negative Gefühle im Körper negative chemische Veränderungen hervorrufen. Muß es dann, so überlegte er weiter, nicht möglich sein, mit positiven Gefühlen positive chemische Veränderungen zu bewirken? Und welches Gefühl ist positiver als das Lachen? Er verordnete sich eine Lachtherapie. Mit komischen Filmen brachte er sich gezielt zu zwerchfellerschütterndem Lachen – der Erfolg war verblüffend. Das Lachen hatte die Wirkung von Schmerztabletten: Zehn Minuten Gelächter schenkten Cousins zweieinhalb Stunden Schmerzfreiheit. Der unheilbar Kranke wurde wieder gesund, und die Schulmedizin stand wieder einmal vor einem Rätsel.

Inzwischen haben amerikanische Universitäten den Gesundmacher Lachen genauer untersucht. Lachen, so fanden sie heraus, erhöht die Atmungskapazität und den Sauerstoffaustausch im Blut, die Muskelaktivität und die Herztätigkeit. Es stimuliert das sympathische Nervensystem und fördert die Produktion eines Enzyms, das den Schmerz vermindert. Kurz gesagt: Lachen gleicht einer sportlichen Tätigkeit und ist für unsere Gesundheit außerordentlich wichtig. Eine humorvolle Einstellung zum Leben ist die beste Vorbeugung gegen Herzkrankheiten, Krebs und Depressionen.

Nimm das Leben also nicht tierisch ernst, wenn du gesund bleiben willst. Lach mal wieder, vor allem über dich selber!

KAPITEL 2:

Bring Ordnung in dein Leben!

»Ihr müßt mehr Methode in euer Leben bringen. Gott selbst erschuf die Ordnung. Die Sonne scheint bis zum Abend und die Sterne funkeln bis zum Morgen« (Yogananda).

Das Wort »Kosmos« bedeutet Ordnung und sagt uns, daß im Universum wohl jemand ist, der Ordnung geschaffen hat. Was auf den Makrokosmos zutrifft, gilt gleichermaßen auch für den Mikrokosmos. Wie oben so unten, wie innen so außen. Grundsätzlich herrscht vollkommene Harmonie, es sei denn, du selbst hast disharmonische Kräfte auf dich einwirken lassen, und ihnen die Macht verliehen, Einfluß auf dich auszuüben. Du hast, weil du es nicht besser wußtest, aus destruktiven Gedanken und Gefühlen Verhaltensweisen entstehen lassen, die sich zu der heute als Realität empfundenen Situation entwickelt haben. Das alles kann genauso weitergehen, sich aber auch in jede andere von dir gewünschte Richtung verändern. *Wenn du ein »kosmisches Bewußtsein« haben willst, solltest du dich in die kosmischen Gesetze einordnen.* Die Tatsache, daß du dies hier liest, drückt klar deinen Wunsch nach einer Weiterentwicklung im Sinne der Evolution aus …

Alles, was dazu notwendig ist, besitzt du bereits, es muß überhaupt nichts Neues hinzukommen. Alles, was du brauchst, hast du seit deiner Geburt, nämlich die Fähigkeit, schöpferisch tätig zu sein, die Befähigung zum Imaginieren. Denn das, was jetzt in diesem Augenblick in deinem Leben ist, ist ja genauso das Ergebnis der von dir benutzten Möglichkeit, etwas zu erschaffen. Alles, was bis jetzt in deinem Leben geschehen ist, hast du angezogen. Die Realität um dich herum wurde aus deiner Einstellung zu den Dingen, zum Leben, zu allem, was ist, geschaffen. Deine

Grundeinstellung wurde dir mit der Erziehung vermittelt, aus dieser Konditionierung entwickelten sich gleichermaßen Vorlieben und Abneigungen. Beide nehmen Raum in deinem geistigen Gebäude ein und werden fortan jede für sich versuchen, das ihrem Inhalt Entsprechende anzuziehen. Du weißt bereits, daß die Evolution sozusagen eine Einbahnstraße ist, und daß die Schöpfung keinesfalls abgeschlossen ist, sondern wie eh und je im Prozeß des ständigen Werdens, des ständigen Kommens und Gehens, begriffen ist. Es ist deshalb nicht möglich, etwas *nicht* Wünschenswertes durch Gedanken aufzulösen. Die Richtung der Gedanken in uns wird bestimmt durch unsere Einstellung zu uns, zum anderen, zum Leben.

Wer also Vorlieben und Abneigungen hat – und wer hat die nicht –, kann sich jetzt in diesem Augenblick bewußt werden, daß er die in seinem Gedankengebäude vorhandenen Inhalte ins Leben ruft. Je wichtiger ein Gedanke für dich ist, desto bevorzugter wird er in der Werkstatt deines Geistes zur Verwirklichung gebracht. Es ist vollkommen gleichgültig, ob du ihn mit einem Plus- oder mit einem Minuszeichen versehen hast, ob er konstruktiv oder destruktiv ist, das was du denkst und fühlst, das bist du, oder wirst du alsbald sein.

Sehr viele Menschen beschäftigen sich intensiv mit allem möglichen, von dem sie *nicht* wollen, daß es ist. Schalte den Fernseher ein, er spiegelt sehr gut die Meinung eines Volkes wider, dort wird der überwiegende Teil der Aufmerksamkeit auf nicht Wünschenswertes gerichtet. Ähnlich verhält es sich auch mit dir. Deshalb, nur deshalb fordern wir dich immer wieder und in diesem Buch *bewußt wiederholt* dazu auf, dich ausschließlich mit dem zu beschäftigen, von dem du willst, daß es ist!

Fast regelmäßig entsteht hier ein Mißverständnis. Positives Denken heißt konstruktives Denken und will keinesfalls Negatives aus Angst verdrängen. Nur der oberflächliche Denker vermutet beim Positiven Denken Vogel-Strauß-Politik. Negatives verdrängen zu wollen führt unweigerlich dazu, daß es aus dieser

Verdrängung, aus der Verbannung, also aus dem Unbewußten heraus Herrschaft über uns gewinnt. Das ist niemals Ziel und Zweck einer Lebenshilfe, die versucht, ursächlich vorzugehen.

Dieses Kapitel will dir helfen, ein Zeitprogramm aufzustellen, mit dem du in der Lage bist, in die Hierarchie innerhalb deines Gedankengebäudes ordnend einzugreifen. Um die vorhandenen Machtverhältnisse in deinem Unterbewußtsein zu ändern, bedarf es eines einfachen Konzeptes, einiger Beharrlichkeit und des Wissens, das Recht und die Möglichkeit zu haben, ein deinen Vorstellungen entsprechendes Leben zu führen.

Noch ein paar Anmerkungen zum Faktor »Zeit«.

Du erreichst in keinem Lebensbereich viel, wenn du nicht einen Sinn für Rhythmus, Zyklus, für die Wiederholung von Tätigkeiten entwickelst. Lernst du etwa Klavierspielen, wenn du mal drei Monate, mal ein Jahr, mal fünf Jahre mit dem Üben Pause machst? Oder schau einmal einer wirklich guten Hausfrau zu. Sie hat den Ablauf ihrer Tätigkeiten in eine bestimmte Ordnung gebracht, um effektiv zu sein.

Ordnung wird sich aus einem inneren Gefühl für das Wesen der Dinge ergeben; wenn du möchtest, dann schwing mit, dann bist du »synchron«. Vor dreihundert Jahren fiel einem holländischen Wissenschaftler auf, daß zwei Pendeluhren, die man nebeneinander an die Wand hängt, in genau demselben Rhythmus schlagen. Sie behalten ihren gleichen Pendelschlag bei, weit über das Maß hinaus, mit dem sich zwei Uhren mechanisch einander angleichen lassen. Es ist tatsächlich so, als »wollten« sie im gleichen Rhythmus schlagen. Weitere Untersuchungen ergaben, daß dieser Wille zum gleichen Rhythmus universell ist. Natürlich ist er auch bei Lebewesen zu finden. Die Natur, alles Natürliche hat das Bestreben nach Harmonie, weil sie nach dem besten Energiezustand sucht, und der Gleichklang des Miteinander-Schwingens verbraucht weniger Energie als die Disharmonie. Harmonie ist also der perfekte Zustand, nach dem das Sein strebt. Wir sind mit jedem Atom in diese göttliche Harmonie eingebunden. Je mehr wir uns von dieser Harmonie mittragen lassen, je weniger Widerstand wir ihr entgegensetzen, desto glücklicher sind wir. Man kann auch umgekehrt sagen: *Jedes, tatsächlich jedes Problem, das du hast, sei es Krankheit, Geldmangel, Erfolglosigkeit, Einsamkeit oder was auch immer, ist das Ergebnis eines Mangels an innerer Harmonie.*

Ordnung ist eine kosmische Heilkraft. Seelisch kranke Menschen sind meist nicht in der Lage, ihr Leben in »Ordnung« zu halten. Sie ertrinken im Chaos, ihre Wohnung ist chaotisch, ihre Beziehungen sind chaotisch, sie sind ohne innere und äußere Ausrichtung. Du hast dir dieses Buch gekauft, weil du dein Leben harmonischer gestalten willst. Wir wollen dir dabei mit unseren Erfahrungen, Übungen und Affirmationen helfen. Es ist einleuchtend, daß es nur wenig nützt, wenn du eine Übung zwei-, dreimal machst und dann nie wieder, wenn du alle drei oder vier Wochen einige Affirmationen zur Veränderung deines Lebens einsetzt. *Jede Schwingung neigt dazu, sich durch Wiederholung zu verstärken.* So entstehen bestimmte Muster. Wenn du ein Trinker, Raucher, ein Streßgeplagter oder ein Dicker bist, dann haben sich Verhaltensmuster bei dir eingeschliffen. Es ist zunächst schwierig, diese Muster aufzulösen, weil sie ja durch ständige Wiederholung zu Gewohnheiten wurden und dich zu beherrschen scheinen. Aber es ist möglich, wenn du es tatsächlich willst; und wenn du glaubst, daß es dir möglich ist, dann wirst du schlank sein, oder was auch immer du willst. Mag die Gegenschwingung auch zunächst schwach gegenüber dem gewohnten Muster sein, je mehr diese Schwingung wiederholt wird, du deinen Glauben bestärkst, desto stärker wird sie. Geduld bringt Rosen und mit der Zeit kommt die Wende. Das neue Muster ist stärker als das alte, denn weil in der Evolution alles nach Wandel, nach Veränderung strebt, kommen dir sozusagen die kosmischen Kräfte zu Hilfe. Aus dem Tropfen auf den heißen Stein wird der Tropfen, der den Stein höhlt; wenn du Geduld hast und ihn nur genügend oft fallen läßt, geschehen alsbald Wunder in deinem Leben!

Noch ein paar Hinweise für den Gebrauch der Bausteine für deine Zeitprogramme:

1. Die hier gemachten Vorschläge sind keine Vorschriften, die du unbedingt befolgen sollst. Sie sind Hilfen, um deine eigene innere Ordnung, deinen eigenen Rhythmus zu entwickeln.
2. Geißele dich nicht, wenn du mal einen faulen Tag hast. Deine negativen Gedanken über dich und dein eventuelles Versäumnis sind viel schädlicher als die Unterlassung selbst. Es gibt viele, die mit verbissener Miene jeden Tag ihr Müsli essen, eisern joggen, meditieren oder Yoga machen und *nichts erreicht haben.* Wenn du nachsichtig, gütig und liebevoll zu dir und anderen bist, tust du damit tausendmal mehr, als es spirituellen Fanatikern je möglich ist.
3. Es ist hilfreich, bestimmte Übungen, für die du dich entschieden hast, stets etwa zur gleichen Zeit zu machen. Das hat wieder mit Rhythmus zu tun, außerdem sind sie dann in deinen Tag eingeplant und du »vergißt« sie weniger leicht.
4. Sag nicht, du hast keine Zeit. Nimm dir Zeit, dann hast du sie. Die Arbeit an sich selbst ist die bestbezahlte Arbeit der Welt. Stell dir vor, was du alles an Arztbesuchen und Anwaltshonoraren sparen kannst. Die Zeiten vor dem Aufwachen und vor dem Einschlafen lassen sich zum Beispiel wunderbar für Affirmationen verwenden statt für selbstquälerische Gedanken. Hast du dich einmal auf einen dir eigenen Rhythmus eingepegelt, so schaltet dein Gehirn fast automatisch zur gewohnten Zeit auf Empfang.
5. Tanke deine seelischen Energien von Zeit zu Zeit außerhalb deiner vier Wände wieder auf. Die Seminare, die wir durchführen, setzen in nur wenigen Tagen Energie für lange Zeit in dir frei.

Was du jeden Tag tun solltest

Du solltest täglich vor dem Aufstehen fünf Minuten lang geistig den Weg vorbereiten für das, was du dir vom Tage erhoffst. Schicke liebevolle Gedanken in den Tag, um ihn zu erleuchten. Dr. Murphy sagt dazu: »Lassen Sie Gottes Liebe das Licht sein, das Ihrem Weg leuchtet.« Du kannst durchaus, wenn du dir die Mühe machen willst, einzelne Situationen, von denen du weißt, daß sie heute kommen werden, mit positiven (erfolgversprechenden) Gedanken unterstützen. Einfacher jedoch und weniger egoistisch ist es, in sich ein tiefes Gefühl von Freude, Liebe, Genugtuung, auf den heutigen Tag bezogen, entstehen zu lassen oder, besser ausgedrückt, durch sich hindurchfließen zu lassen. Stell dir vor, *fühle* es, daß heute ein glücklicher Tag ist. Der Tag des Herrn. Daß alles Glück der Welt für dich da ist, dir zu helfen. Ganz besonders zu helfen, wenn dein Vorhaben im Interesse vieler ist. Je mehr dein Tun darauf gerichtet ist, zu helfen und andere an deinem Erfolg teilhaben zu lassen, um so mehr werden alle positiven Kräfte des Universums dir zur Seite stehen.

Das Gute, oder neutraler ausgedrückt, das von der Evolution Gewollte, hilft dir helfen. Sei davon überzeugt, daß deine Existenz, all dein Tun, zum Wohle aller wirkt. Überzeuge dich davon, daß deine Arbeit konstruktiver Natur ist. Daß niemandem geschadet wird. Laß dieses Wissen um deine Rechtschaffenheit ganz tief in dein Bewußtsein ein. Sieh vor deinem geistigen Auge, wie sich andere über das Resultat deiner Arbeit freuen. Freue dich darüber, daß sich andere über dich freuen, damit der Freude kein Ende ist.

Das ist es, was du täglich, vor dem Aufstehen, tun solltest. Wenn du fleißiger bist, geh noch ein-, zweimal im Laufe des Tages in den Höhepunkt des Gefühls, das du vor dem Aufstehen hattest, hinein. Das braucht nur zwei bis drei Minuten lang zu sein, dafür aber intensiv! Fühl dich ganz und gar in das Glück hinein, von dem du möchtest, daß es ist. *Glauben sollst du an das, was noch nicht ist, damit es werde.*

Weiterhin kannst du ganz bewußt einzelnen Menschen, denen du begegnest, mit innerer Freundlichkeit entgegentreten. Wenn du vor einer Situation am heutigen Tag Angst hast, stell dir den betreffenden Augenblick vor, wie er aufgehellt ist, heute (zum erstenmal) positiv verläuft. Falls dieser unangenehme Augenblick am Nachmittag stattfindet, lächle ihn doch einfach mal aus der Distanz von einigen Stunden an. Wenn die gefürchtete Situation um 15 Uhr stattfinden soll, dann geht es doch wirklich zu weit, die Angst vor dem Ereignis schon den Vormittag überschatten zu lassen. Schicke Licht zu der betreffenden Stunde, lächle sie an, bejahe die kommenden Ereignisse. Sag dir: Ich habe diese Situation angezogen, weil sie mir ein guter Lehrer sein wird. Nötig war sie, sonst wäre sie nicht da, nichts ist einfach nur so da, nichts ist zufällig, aber vieles ist fällig.

Beginne dich zu freuen über den Tag und die Geschichte, die er für dich bereithält.

Wenn du noch fleißiger bist, kannst du Gespräche mit imaginären Personen führen. Sag allen, denen du heute begegnen wirst: Danke, daß es dich gibt, hilf, daß sich unsere Begegnung heute zu unserem Wohl und zum Wohle vieler entwickelt. Lächele aus dieser zeitlichen Distanz den (die) anderen an. Reiche möglichst vielen Menschen die Hände, stell dir vor, daß ihr euch strahlend gegenübersteht. Stell dir vor, wie du heute abend zurückblickend sagst und fühlst: Es war ein schöner Tag.

All das braucht nur jeweils zwei bis drei Minuten zu dauern, ist aber eine wunderbare Übung, die dir zu deinem Glück verhilft.

Das Wichtigste bei dieser Arbeit an dir selbst ist die Wiederholung. *Tag für Tag gilt es, die neue Ordnung in deinem Unterbewußtsein zu bestätigen.* Wer dieses einfache Programm regelmäßig praktiziert, schafft sich einen neuen Himmel (den geistigen Inhalt), und dadurch eine neue Erde (die Manifestation).

Hör jetzt am besten einfach auf zu lesen, und geh spazieren. Meditiere über das gerade Gelesene. Du wirst unsere guten Gedanken fühlen. Wir sind in diesem Augenblick, über Raum und Zeit hinweg, bei dir. Geh jetzt, damit du vorankommst, damit was weitergeht.

Die Hörerin einer meiner Rundfunksendungen schrieb: »Ich ging nach einer Ihrer Aufforderungen, spazierenzugehen, los – und hatte dabei das größte Erlebnis meines Lebens. Ich kehrte nach Hause zurück, wie verwandelt. Tiefe Ruhe und Harmonie erfüllten mich. Danke für diesen guten Rat.« Großartige Erlebnisse sind nicht kompliziert und kosten schon gar nicht viel Geld. Alles in diesem Buch Beschriebene ist mehr oder weniger kostenlos. Sicher kannst du deinen Weg abkürzen, dir helfen lassen und zur Hypnosetherapie kommen, aber eine Notwendigkeit dazu besteht nur selten.

Noch ein Wort zu der Aufforderung, einen meditativen Spaziergang zu machen. Wenn wir sagen: Wir sind über Raum und Zeit hinweg bei dir, dann ist das keine nette Redensart, sondern bewiesene Tatsache. Wir stehen alle miteinander raum- und zeitlos in Beziehungen, und alle, die sich dafür öffnen, können dieses Miteinander auch deutlich wahrnehmen. Dabei wirkt weder räumliche Distanz noch zeitliche Differenz behindernd. Mach doch eine Probe aufs Exempel. Wann immer es dir paßt, meditiere eine Weile, zwischen fünf und dreißig Minuten. Öffne dich, geh in dieser Tiefenentspannung spazieren und suche uns oder, falls dir das lieber ist, auch nur einen von uns beiden im Geiste. Ungefähr so, als würdest du am Radio einen bestimmten Sender suchen. Genau in dem Augenblick, in dem du aufhörst zu wollen, offen bist, geschieht es, daß du und ich miteinander kommunizieren.

Was du an einem freien Wochenende tun kannst

Dein Leitgedanke für dieses Wochenende: Schau gründlich und ehrlich hin, welche Glaubenssätze und alten Programme dich daran hindern, endlich dich selbst und deine Wünsche zu verwirklichen. Laß einmal alle anderen an diesem Wochenende in Ruhe und aus dem Spiel. Dieses Wochenende kann und soll nur für dich da sein, ungeteilt. Alles, was es zu bieten hat, kannst du auch allein genießen. Sorge dafür, daß keine profanen Angelegenheiten dich stören können. Such nach außen keinen Kontakt, diesmal möchtest du den Weg nach innen suchen, den inneren Freund, auch wenn du ihn manchmal schon den inneren Schweinehund genannt hast.

Beginnen wir am Freitag nachmittag mit einem langen Spaziergang, ein bis zwei Stunden sollten es schon sein. Allein natürlich und ohne Ablenkung. Es soll ein meditativer Spaziergang werden, der zu deiner Verinnerlichung beitragen wird. Nimm deine Umwelt gar nicht besonders wahr, aber laß sie trotzdem auf dich einwirken. Achte auf Gedanken und Bilder, die in dir hochsteigen, sieh sie dir nur an, ohne zu urteilen. Nur eine einzige Aktivität ist gestattet: zu verzeihen. Wenn also Situationen hochkommen, die dich geärgert haben, verzeihe, wem auch immer, ohne Vorbehalt. Verzeihende Liebe fragt nicht nach Schuldigen. Laß etwas von dem Frieden um dich herum in dich hinein. Ruf laut nach innen, daß du verzeihst, allen und allem, damit Platz entsteht für inneren Frieden. Denn Ärgernisse, Vorbehalte, Wut nehmen innerem Frieden den Platz weg. Beides kann nicht sein. *Friede ist eine Funktion von Liebe. Entweder man liebt, verzeiht und eint, oder man fürchtet, trägt nach und trennt.*

Wenn du von deinem Spaziergang zurück bist, mach es dir so gemütlich wie möglich. Iß dein Lieblingsessen, höre deine Lieblingsmusik, lies ein, zwei Gedichte, die dich ansprechen, tanze ein wenig. Setz dich dann auf deinen Lieblingsplatz, schließe die

Augen und imaginiere. Laß alte, eventuell negative Erinnerungen wieder hochkommen und dann lächle sie über die Zeit hinweg an. Bejahe die vergangenen Ereignisse, verzeih allen Beteiligten, vor allem aber dir selbst. Und dann zieh einen liebevollen Schlußstrich. Sag liebevoll-autoritär zu dir selbst: »So, das wäre es, das ist abgehakt, zur ewigen Ruhe gebettet. Ich werde ab sofort keine Gedanken mehr an diese Ereignisse verschwenden.« Du hast dir und allen anderen alles verziehen, und wenn dieses Verzeihen echt war, ist alles Negative aus diesen Erinnerungen dann auch ein für allemal aufgelöst.

Versuch jetzt zu schlafen, in dem befriedigenden Gefühl, etwas Wichtiges erfolgreich abgeschlossen zu haben.

Am Sonnabend steh früh auf, um dazusein, wenn der neue Tag *dich* begrüßen will. Mach dir für heute ein Programm, das ganz auf Happiness ausgerichtet ist. Sport treiben, singen, tanzen, basteln, meditieren, schreiben, lesen. Tu das, was dir Freude macht. Laß dich nicht von anderen ablenken. Geh allein ins Kino, in die Sauna, kauf dir ein Kleid, einen Anzug. Bleibe den ganzen Tag in einem verinnerlichten Zustand. Laß es geschehen, daß du heiter, gelöst, beschwingt bist. Laß möglichst oft Bilder in dir entstehen, die du verwirklichen möchtest, übe dich im Glauben daran, daß Glück und Erfolg lernbar sind, und daß du auch in diesem Studienfach ein außerordentlicher Erfolg bist! Freue dich darüber, daß du weißt: daß du ein außerordentlicher Erfolg bist, daß du ein außerordentlicher Erfolg bist, daß du … Lächle möglichst viele, die dir begegnen, an. *Siehst du jemanden ohne Lächeln, leih ihm eins von dir.* Du bekommst es sicher zurück. Laß den Abend mit schöner Musik, einem Film, der dir Spaß macht, einer aufbauenden Lektüre ausklingen.

Am Sonntag, nach einem gemütlichen Frühstück, blättere einmal das vorliegende Buch durch und such dir einige Übungen aus, die du heute machen willst. Wie wäre es mit der Trancereise? Oder der Zen-Hörübung? Vielleicht möchtest du auch damit beginnen, Freundschaft mit deinem Unterbewußtsein zu schließen. Nimm nur das, worauf du wirklich Lust hast. Lies auch den Abschnitt »Lebenssituationen« durch. Betrifft dich hier etwas persönlich? Meditiere über den Text, mach dich mit der dazugehörigen Suggestion vertraut. Und nun hole dir einige Blätter Papier und möglichst viele bunte Stifte. Schreib riesengroß auf jedes Blatt Papier einen Schlüsselbegriff deines Lebens. Zum Beispiel: Gesundheit, Liebe, Beruf, Urlaub, Geld, Familie. Und nun notiere auf das jeweilige Blatt, was du dir dazu *ersehnst.* Schreib *alle* deine Wünsche auf, habe keine Hemmungen, niemand außer dir sieht diese Papiere, aber für dich sind sie eine Offenbarung deines Inneren, deiner verdrängten Sehnsucht!

Für den Rest des Tages hast du dann nur eine Aufgabe: Diese Wünsche alle als bereits erfüllt zu imaginieren. Denke an sie, übe dich dir *bildhaft* vorzustellen, was du möchtest. Sag nicht einfach »ein Haus am Meer« vor dich hin, sondern *visualisiere* dieses Haus am Meer, erschaffe es vor deinem inneren Auge. *Sieh* dich mit dem weißen Porsche durch die Stadt fahren, *mal dir aus,* was du in deiner neuen Position im Büro tust, und so weiter. Nimm diese Bilder abends mit ins Bett, laß sie tief in dich einsinken, damit du von ihnen träumen kannst, und sich deine Träume verwirklichen.

Mach dir in der folgenden Woche ein kleines, ganz persönliches Zeitprogramm. Lege fest, was du wann, wie und wie lange tun möchtest. Überfordere dich im ersten Elan nicht dabei. Es ist besser, wenig zu tun, das aber regelmäßig, als ganz groß anzufangen und dann ganz stark nachzulassen. Du mußt keineswegs therapeutische und spirituelle Superleistungen erbringen, Positives Denken ist kein Leistungssport, bei dem man Medaillen gewinnt.

Es kommt nicht darauf an, etwas Besonderes zu tun, sondern das, was man tut, richtig zu machen.

Dein Spruch des Tages
Hier sind einige Volksweisheiten, Sprüche, Zitate. Wir haben 31 ausgewählt, für jeden Tag eines Monats einen. Du solltest diese Sprüche nämlich nicht einmal durchlesen und dann wieder vergessen. Du solltest dir jeden Tag einen dieser Sätze vornehmen und darüber meditieren. Laß diesen Satz in dich einsinken, versuche den Bezug, den er zu deinem eigenen Leben hat, innerlich zu erfahren. Hindere deinen Verstand daran, das Gelesene kritisch zu zerpflücken. Nimm ihn an, ganz weich, ganz empfänglich.

- Wer aber auf das Glücklichsein verzichtet, erfüllt sein Dasein nicht.
- Jeder von uns ist ein Engel mit nur einem Flügel. Wir können fliegen, wenn wir uns umarmen.
- Alles, was du in die Zukunft verschiebst, fehlt dir im Jetzt.
- Arbeit, in der rechten Einstellung getan, ist Meditation.
- Du bekommst Energie nur, indem du sie anwendest. Vor dem Empfangen liegt das Geben.
- Ändere dich selbst, und die Umstände werden sich ändern.
- Vergiß niemals, daß du nicht allein bist. Das Göttliche ist bei dir.
- Wahrhaftigkeit ist der Schlüssel der göttlichen Türen.
- Gib alles, was du bist, und alles, was du hast; nicht mehr wird von dir verlangt, aber auch nicht weniger.
- Denke nicht an das, was du warst, sondern an das, was du bist und zu sein dich sehnst.
- Den Mut zu verlieren, ist die einzige Sünde.
- Es gibt nur eine Krankheit: nicht bewußt zu sein.
- Unsere Freiheit besteht darin, daß wir uns auf eine höhere Ebene begeben können.
- Das Heil liegt im Kernpunkt des Übels.
- Es gibt nichts Unmögliches und hat es nie gegeben. Es gibt nur Augenblicke, die gekommen sind oder nicht gekommen sind.

- Suche nicht nach dem Sinn des Lebens, laß dich finden.
- Habe den Mut, zur Wahrheit zu kommen, auch wenn der Weg durch die Hölle geht.
- Viele wollen vollkommen sein, aber nur wenige sind bereit, etwas dafür zu tun.
- Jeder bekommt das, was er verdient, doch nur der Erfolgreiche gibt es auch zu.
- Es ist besser, eine Kerze anzuzünden, als sich über die Dunkelheit zu beklagen.
- Nicht wie der Wind weht, sondern wie man die Segel setzt, darauf kommt es an.
- Um zur Quelle zu kommen, muß man gegen den Strom schwimmen.
- Wenn einer träumt, ist es ein Traum, wenn viele träumen, ist es der Beginn einer neuen Wirklichkeit.
- Helfende Hände sind heiliger als Lippen, die beten.
- Glaube denen, die die Wahrheit suchen, und zweifle an denen, die sie gefunden haben.
- Der eine fragt, was ihm die Zukunft bringt, der andere gestaltet sie selbst.
- Gewohnheiten sind Vorgesetzte, die man nicht bemerkt.
- Das Leben findet täglich statt.
- Liebe das Leben und das Leben wird dich lieben.
- Deine Freude ist entlarvtes Leid.

Das endgültige Ziel ist, sich in ständigem Geeintsein mit dem Göttlichen zu befinden, nicht nur während der Meditation, sondern im ganzen tätigen Leben.

KAPITEL 3:
Probleme sind Geschenke

Lebenssituationen

Hier eine kleine Geschichte, die Dr. Joseph Murphy gern erzählte – eine wahre Geschichte natürlich.

»Es waren einmal Zwillingsschwestern. Sie hatten etwa zur gleichen Zeit geheiratet und waren zufriedene Ehefrauen. Nach einigen Jahren jedoch wurden sie beide plötzlich von ihren Ehemännern verlassen. Die eine der Schwestern nahm daraufhin ihren alten Beruf wieder auf und hielt unerschütterlich an der Überzeugung fest, daß ihr aus dieser Situation nur Gutes erwachsen könne. Sie lernte bald einen anderen Mann kennen, und heute ist sie glücklich verheiratet. Die andere Schwester dagegen sah nur ihren Verlust und schwelgte in wachsenden Haß- und Rachegefühlen. Sie zog sich eine schwere Arthritis zu, und ihr Leben besteht aus endlosen Leiden.«

Hatte die eine Schwester nur Glück? Ja, das hatte sie. Aber kein unverdientes, sondern ein Glück, das sie selbst herbeigeführt hatte. Sie beherrschte nämlich die wahre Kunst des Lebens: Sie wußte, wie man aus jeder Situation etwas Gutes macht. Das ist nicht gleichbedeutend mit »das Beste daraus machen«. Denn das heißt ja nur, daß man sich mit Anstand in eine schlechte Situation fügt. »Etwas Gutes« bedeutet tatsächlich, daß man die unerwünschte Situation in ihr Gegenteil verkehren kann. Oder, noch klarer ausgedrückt: Es gibt keine objektiv schlechte Situation, sondern erst deine Meinung darüber macht sie dazu. Erst wenn du klagst und schimpfst, in Selbstmitleid schwelgst, dem anderen die Schuld zuschiebst, wird aus deiner gefährdeten Ehe eine Katastrophe, wird aus deinem schlechtgehenden Geschäft eine Pleite.

Vielleicht festigt die Krise deine Ehe, oder eine Scheidung macht den Weg frei für ein wirkliches Liebesglück. Vielleicht öffnet dir ein geschäftlicher Mißerfolg den Geist für andere, viel gewinnbringendere Ideen.

Möglicherweise wendest du jetzt ein: Es gibt aber doch objektiv schlimme Situationen, zum Beispiel den Tod eines geliebten Menschen oder körperliche Behinderung. Einerseits ja, aber frag einmal Menschen, die das erlebt haben oder erleben: Auf die Todeserfahrung, nach der tiefen Trauer, folgt die Wiedergeburt; dem körperlich Behinderten eröffnen sich seelische und geistige Dimensionen, die uns in unserer »Normalität« manchmal verschlossen bleiben. Auch hier schaffst du durch Bewertung Begrenzung, urteilst du. Indem du urteilst, verurteilst du, wo ein Richter ist, ist auch Leiden.

Wir sind gerne Opfer

Bist du ein Opfer? Wenn du nur tief genug in dich hineinschaust und ehrlich zu dir bist, wirst du erkennen, daß es stimmt. Der Grund dafür liegt in unserer Erziehung. In unserem Kulturkreis werden dem kleinen Kind ständig durch Androhung von Strafen Grenzen gesetzt. Wenn du das tust, dann... Wenn du das nicht tust, dann... Das Kind lernt, auf Bestrafung zu warten. Es hat ständig Angst vor Bestrafung, es *erwartet* Bestrafung, also bekommt es Bestrafung. Später, wenn man erwachsen ist, glaubt man nicht mehr, daß die Eltern strafen, aber man hat Angst davor, daß die Strafe von Gott, vom »Schicksal«, von den anderen kommt. Der Mechanismus ist der gleiche geblieben: Erstens: Empfindest du dich als Opfer, dann erwartest du Strafe, dann benimmst du dich entsprechend und es muß das, was du befürchtest, über dich kommen. Dieser Teufelskreis schließt sich, wenn du dann noch sagst: Ich habe gewußt, daß es so kommt, immer auf die Kleinen.

Opfer zu sein, bringt gewisse Bequemlichkeiten mit sich. Man kann seine Hände in Unschuld waschen, man ist gut, rein und edel, eine zarte, verwundete Seele, die das Äußerste von Mitgefühl für sich beanspruchen darf. Schlecht und böse sind die anderen oder »das Schicksal«. (Ich würde ja mögen, aber lassen haben sie mich nicht gewollt.)

In dem Augenblick, in dem du dich entscheidest, kein Opfer mehr zu sein, mußt du etwas sehr Schwieriges tun: Du mußt die Verantwortung für dich selbst übernehmen. Du mußt akzeptieren, daß alle Probleme, Schwierigkeiten, alles »Böse« und »Schlechte« in dir selbst und keineswegs bei »den anderen« ist. Und weil das sehr viel Mut erfordert, weil diese Erkenntnis ein Leben nie mehr so sein läßt, wie es war, ziehen die meisten Menschen es vor, Opfer zu bleiben. Alle Lebenssituationen, die wir im folgenden skizzieren, fordern im Grunde von dir die gleiche Seelenarbeit; wir fassen sie noch einmal in drei Schritten zusammen:

1. Erkenne, daß du nicht Opfer bist, sondern allenfalls eine Opfer-Rolle *spielst.*
2. Löse dich von dieser Rolle und übernimm die *Verantwortung* für die Situation.
3. Arbeite das Gute an dieser Situation heraus, entdecke, welche Einsichten, welche *Chancen zur Weiterentwicklung* sie dir schenkt.

Glück ist entlarvtes Leid

Alles Leiden ist ein Mittel, das einen Zweck erfüllt. Der Zweck ist Leben und das möglichst im Einklang, in der Harmonie des Teils, mit dem Ganzen. Probleme, sagt man, sind Geschenke, die wir uns machen, um zu all den Erkenntnissen zu gelangen, die wir brauchen, um unser Leben zu erfüllen. Und Erkenntnis ist ein Fortschreiten in der geistigen Evolution, ist der Weg, den Sinn unseres Seins zu finden. Natürlich könnten wir auch ohne Probleme, ohne Leiden Erkenntnis erlangen, doch dazu sind nur sehr wenige von uns in der Lage. Oft sind wir geradezu unglaublich faul. Haben wir einmal einen winzigen Augenblick eine winzig kleine Erkenntnis gewonnen, so wollen wir uns darauf ausruhen. Doch das Leben ist ein erkenntnisschaffender Prozeß, es schreckt uns aus unserem selbstzufriedenen Dösen auf – indem es uns ein Problem schickt. Probleme sind sozusagen Erziehungsmaßnahmen der Evolution, und das Leiden daran ist die Peitsche. Auf Leiden reagiert jeder, je nach Dickfelligkeit oder Sensibilität früher oder später. Leidest du, dann wirst du in irgendeiner Weise aktiv werden, dann bist du auf dem besten Weg, eine Erkenntnis zu gewinnen, deine Einstellung wird sich ändern und es wird hell um dich.

Diese andere Einstellung wird deine Erfahrungen verändern und der Erfahrene geht den Weg des geringsten Widerstandes. Ändere die Einstellung hin zum Guten, und deine Erfahrungen werden besser sein!

Oft sind wir nicht bereit, Leiden auf uns zu nehmen. Wir schieben es möglichst weit weg, wir sagen oftmals sogar, wie gut es uns geht, behaupten, da gäbe es gar kein Leid. Wir verdrängen, was uns nicht gefällt. Dabei sollten wir wissen, wer heute den Kopf in den Sand steckt, der knirscht morgen mit den Zähnen. Alles, was wir verdrängen, addiert sich, wird dadurch größer, und schließlich kehrt es in viel schlimmerer Form zurück. Wenn du noch durch Leiden lernen mußt, dann geh wenigstens ganz durch das Leiden hindurch, fühle es, spüre es in jeder Faser deines Seins, akzeptiere es. Wenn du das tust, wirst du die Erfahrung machen, daß Leiden überflüssig wird und dann letztlich nicht mehr *»von Nöten«* ist.

Wenn du in deinem Leben zurückblickst, willst du gerade die größten Leidenserfahrungen nicht missen, weil sie dir auch die größten Erkenntnisse gebracht haben. Und wenn du begreifst, daß es diese Erkenntnisse sind, auf die es eigentlich ankommt, dann wirst du beschließen, deine Arbeit freiwillig zu tun. Du wirst wieder in alte Gruben fallen, doch wenn du dein Ziel vor Augen hast, immer seltener. Bis du eines Tages vielleicht die Peitsche nicht mehr brauchst und Zuckerbrot bekommst...

Und nun zu einzelnen Lebenssituationen.

Wenn du einen Partner suchst

Laß das folgende geistige Gesetz tief in dich eindringen: *Wenn du jemanden suchst, so gibt es auch jemanden auf der Welt, der dich sucht.* Wenn das nicht der Fall wäre, würdest du gar nicht suchen, denn es gibt in der geistigen Welt keinen Impuls, der ins Leere geht. Alles steht miteinander in Beziehung. Also selbst wenn du klein, pummelig und die Mutter von drei unehelichen Kindern bist: Wenn du dich nach einem Mann sehnst, so gibt es diesen Mann auch, und er wird auf kleine, pummelige Frauen stehen und er wird Kinder lieben und er hat sich schon immer nach der Herzenswärme gesehnt, die nur du ihm geben kannst. Die meisten Menschen, die sich – scheinbar vergebens – einen Partner wünschen, haben Minderwertigkeitsgefühle. Sie glauben, weil sie nicht so jung und hübsch wie ein Mannequin oder so markig und cool wie der Typ von der Zigarettenreklame sind, wird sich niemand für sie interessieren. Aber das sind intellektuelle Überlegungen, die mit Statistiken über »Typen«, die gerade modern und chic sind, rechnen. Aufregend schöne und besonders erfolgreiche Menschen sind keineswegs glücklicher in der Liebe als du und ich. Sie haben vielleicht mehr Chancen, aber Chancen muß man auch nutzen können.

Also werde dir zunächst einmal klar darüber, was du geben kannst. Erkenne, wer du *bist,* zerbrich dir nicht den Kopf darüber, wer du *nicht bist.* Werde dir deiner Qualitäten bewußt, finde heraus, was einen anderen Menschen an dir anziehen könnte. Ist es dein Witz, dein Charme, deine Intelligenz, ist es deine Treue, deine Zuverlässigkeit, ist es deine Mütterlichkeit, deine Zärtlichkeit, deine Sportlichkeit, deine praktische Begabung – oder gar alles zusammen? Bei dieser Schatzsuche wirst du auf jeden Fall Gold finden. Eine gute Methode ist es, Freunde zu fragen. Da kommen erstaunliche Dinge zutage. Eigenschaften, die man an sich selbst kaum beachtet hat, weil man sie für selbstverständlich hielt, werden von Freunden oft hochgeschätzt. Etwa deine feinfühlige Hilfsbereitschaft, aber auch Zurückhaltung bei den Sorgen anderer, oder deine ansteckende gute Laune.

Und nun geh an die praktische Arbeit. Mach dich zu einem *Sender*, der eine Botschaft in die Welt, in den spirituellen Äther hinaus sendet. Diese Botschaft lautet: *Hallo, idealer Partner, hier bin ich, melde dich.* Gib jeden Morgen, gleich nach dem Aufstehen, Informationen darüber, wo du dich heute aufhalten wirst. Etwa: »Um elf bin ich beim Friseur, um 17 Uhr hole ich jemanden vom Bahnhof ab, abends sitze ich in der Kneipe an der Ecke. Wenn du Lust hast, mir heute zu begegnen, dann weißt du jetzt, wo du mich finden kannst.« Du hast nur ein einziges Hindernis bei dieser Methode zu überwinden: deinen rationalen Verstand. Der sagt dir nämlich, daß du nicht jemanden herbeirufen kannst, den du noch gar nicht kennst, und daß eine Verabredung per »Seelentelefon« vollkommener Unsinn ist. Mach dir klar, daß du sehr wohl Informationen »in den Wind« sprechen kannst. Wie aber erreicht deine Information den richtigen Empfänger? Eben dadurch, daß er dein Empfänger ist. Das ist eine Sache der Wellenlänge. Gleiche Schwingungen sprechen aufeinander an, passen sich an, verstärken sich. Sender und Empfänger gehören zusammen wie Tag und Nacht, Leben und Tod, Mann und Frau. Du und …

Wenn du einen Partner suchst, dann solltest du wissen, daß eure Begegnung zuerst im seelischen und geistigen Bereich stattfindet, erst dann im körperlichen, äußeren. Oder anders gesagt: Wenn ihr euch körperlich begegnet, habt ihr schon lange vorher seelischen Kontakt zueinander aufgenommen. Deshalb haben Liebende oft das Gefühl, sich schon lange zu kennen, auch wenn sie einander gerade erst begegnet sind.

Einen Fehler darfst du bei der Partnersuche auf keinen Fall machen; dich auf einen bestimmten Menschen, den du unbedingt haben willst, zu fixieren. Besonders Frauen neigen dazu, sich diesen und keinen anderen Mann in den Kopf zu setzen, selbst wenn er verheiratet oder offensichtlich nicht interessiert ist. Wünsche dir *allgemein* einen Menschen, der seelisch mit dir harmoniert – und du wirst einen *bestimmten* bekommen. Versuchst du einen *bestimmten* Menschen zu dir zu zwingen – dann wirst du vielleicht *niemanden* dein nennen.

Affirmationen: Idealer Partner, ich weiß, daß du da bist, daß auch du mich suchst, so wie ich dich suche. Der gemeinsame Geist, der uns so lange Sehnsucht nacheinander haben läßt, führt uns jetzt zusammen. Ich liebe dich und bitte dich für uns beide: Laß dich heute von deiner inneren Stimme führen, laß es einfach geschehen, daß wir uns in Liebe begegnen. Wie oft schon habe ich deine Umarmungen gefühlt, mit dir gesprochen, wie oft schon war ich in innigster Liebe mit dir vereint. Wie oft schon hörte ich deinen Ruf, deine liebevolle Stimme, spürte ich die unendliche Harmonie, die in Vollkommenheit mündet, wenn wir uns jetzt auch auf der weltlichen Ebene finden. Ich bin Körper – Seele – Geist wie du, laß uns auf allen diesen Ebenen eine unzertrennliche Einheit bilden zur Ehre des Höchsten. Auf daß Liebe sich durch uns ausdrückt und wir beide anderen ein Vorbild sind. Ich singe und tanze mit dir und bin fröhlich. Ich bin in Gottes Herzen und ich weiß, dort finde ich auch dich.

»Denn gleich wie die Liebe dich krönt, wird sie dich kreuzigen.«

Wenn jemand die Tendenz hat, ein ewig Leidender zu sein, so ist »unglückliche Liebe« eine wunderbare Gelegenheit dazu. Falls du dir einen Partner ausgesucht hast, unter dem du leidest, so liegt der Grund dafür in deiner inneren Einstellung zu dem, was Leiden schafft. Wenn du ein solches Programm in dir hast, so sind schlechte Erfahrungen doch ganz folgerichtig. Bist du unglücklich verliebt, mußt du dein inneres Programm, das auf Leid und Strafe ausgerichtet ist, ändern. Wer leidet, dem fehlt nur das Talent zum Glücklichsein. Positives Denken sagt, was noch nicht ist, das kann noch werden.

Frauen entscheiden sich oft für verheiratete Männer, weil sie Angst vor einer wirklichen Bindung haben. Sehr viele Frauen spielen die Geliebte, die »Andere«, doch das fünfte Rad am Wagen ist nie ein Zufall. Es gibt genügend unverheiratete Männer, aber gerade, weil sie das sind, haben sie keinen Reiz für diese Frauen. Wenn du dich mit einem verheirateten Mann einläßt, muß Leid entstehen. Entweder der Mann meint es nicht ernst mit dir und liebt seine Frau, oder er benutzt dich als Leiter, um sich von seiner Frau frei zu machen. Doch eine Leiter stellt man weg, wenn man sie nicht mehr braucht. Laß dich nicht benutzen! Sag dem Partner, der beteuert, daß er sich von seiner Frau trennen will: Komm wieder, wenn du dich getrennt hast. So lange werden wir uns nicht sehen.

Gerade Frauen fixieren sich oft auf einen ganz bestimmten Mann. Sie wollen nicht einen Partner, der zu ihnen paßt, sondern einen Namen: Dieser ganz bestimmte muß es sein, und wenn ich den nicht kriege, will ich gar keinen. Oft spielt da eine unaufgelöste Bindung an den Vater eine Rolle. So ein Verhalten ist neurotisch, es ist selbstzerstörerisch und aus Angst geboren. Die Angst bewirkt die Einschränkung des Spektrums der Möglichkeiten. Welcher Mann kann schon mit dem Vaterbild eines nicht erwachsenen weiblichen Wesens mithalten, gab er ihr doch vieles, wie es nur ein Vater geben kann.

Bei einem Mann spielt oft die Erinnerung an die große Liebe, an die einzige Frau, die er angeblich wirklich geliebt hat, eine Rolle. Weil diese Frau ihn verlassen hat, rächt er sich dafür an anderen Frauen, denen er später begegnet – er leidet und läßt leiden. Der Mann ist dann auf keine tatsächlich reale Frau fixiert, sondern auf ein *Bild* von ihr – und das hat natürlich oft wiederum mit der Mutter zu tun. Welche Frau kann schon mit dem Mutterbild eines nicht erwachsenen männlichen Wesens mithalten, gab sie ihm doch alles, das Leben, selbstlose Liebe, wie sie nur eine Mutter geben kann.

Wenn du unglücklich verliebt bist, ist es entscheidend, daß du die Fixierung an den betreffenden Menschen auflöst. Sieh der Tatsache ins Gesicht, daß dieser Partner doch nicht ideal für dich ist, auch wenn du es noch so sehr willst. Es sollte bald eine Lösung für diese leidbringende Situation gefunden werden, und diese Lösung besteht – ganz wörtlich – in der Lösung. Mach mit allen taktischen Überlegungen, wie du »ihn« (sie) doch noch herumkriegen kannst, Schluß, und laß diesen Menschen los. Viele Mütter haben schöne Söhne, viele Mütter haben schöne Töchter. Stell dir vor, daß es mehr als tausend ideale Partner auf der ganzen Welt für dich gibt. Zehn oder fünfzehn davon solltest du schon kennenlernen, mit wie vielen du »es« dann genug sein läßt, wird die Zeit zeigen.

Versuch aber nicht, die Fixierung aufzulösen, indem du dich krampfhaft bemühst, *nicht* an das Objekt deiner Begierde zu denken. Es gibt da eine schöne Anekdote über Immanuel Kant. Kant hatte einen Diener – er hieß Hampe –, der ihm große Schwierigkeiten machte. Wenn Kant nun in seine philosophischen Studien vertieft war, merkte er immer wieder, daß seine Gedanken zu diesem Diener abschweiften. Um dem ein Ende zu bereiten, schrieb er einen großen Zettel, den er sich über den Schreibtisch hängte. Auf diesem Zettel stand:

»Nicht an Hampe denken!«

Klar, daß Kant nun noch mehr an Hampe dachte...

Also sei klüger als der geniale Philosoph. Leg den Menschen, in den du unglücklich verliebt bist, auf deine linke Hand und puste ihn lächelnd weg. Und dann gestatte dir in aller Freiheit, an einen anderen zu denken. Nicht zähneknirschend und zwanghaft. Jede Energie, die du einsetzt, schafft erst das Hindernis, das du dann überwinden mußt. Es gibt keine tatsächlichen Hindernisse.

Gestatte dir, am Glück dieser Welt teilzuhaben. *Entscheide dich für das Glück, damit du dein Dasein erfüllst.* Leg jetzt dieses Buch beiseite, mach einen Spaziergang und sage bei jedem Schritt: Ich habe mich für das Glück entschieden. Dann wird dir gar nichts anderes übrigbleiben, als dich bald *glücklich* zu verlieben. Du solltest immer wissen: Freude heißt der Stoff, aus dem die Schöpfung ist!

Affirmationen: Ich lasse los, weil ich mein Talent zum Glücklichsein entwickelt habe. Durch mein Loslassen ist Raum in mir für Neues. Meine innere Weisheit läßt mich jetzt den richtigen Partner anziehen. Er ist ideal für mich und ich passe zu ihm, geistig, seelisch, physisch. Das Einzigartige an meiner Persönlichkeit bereitet jetzt den Weg, den Idealvorstellungen meines Partners zu entsprechen. Ich bin, was ich den Worten »Ich bin« folgen lasse. Ich bin liebevoll, voller Liebe. Allein durch meine Anwesenheit wird in meinem Gegenüber das Gute gestärkt. Liebe, Harmonie, Friede, gegenseitiges Vertrauen. Ich bin liebenswert und liebesfähig. Indem ich innerlich frei bin und diese Freiheit lebe, liebe ich meinen Partner, ohne ihn zu fesseln. Ich lasse ihm Raum für seine Einzigartigkeit, für die ich ihn bewundere. Meine von Herzen kommende Bereitschaft, zu vergeben, meine Friedfertigkeit, lassen mich zu dem werden, der auf das Beste unwiderstehlich wirkt.

Wenn du dir ein Kind wünschst

Du möchtest ein Kind haben, aber du wirst nicht schwanger. Der Hintergrund für das Symptom Unfruchtbarkeit ist manchmal eine unbewußte Ablehnung; obwohl du dir ein Kind wünscht, hast du Angst, schwanger zu werden. Vielleicht haben die Eltern »vorgelebt«, daß es nicht so leicht ist, ein Kind zu haben, und du hast diese Einstellung übernommen. Auch körperliche Gründe, wie ausbleibender Eisprung oder, beim Mann, Zeugungsunfähigkeit, haben sehr oft seelische Ursachen, die in der häuslichen Situation zu finden sind.

Den Mädchen wird in der Pubertät die Angst vor Schwangerschaft oft richtiggehend eingebleut: Wenn du mit einem Kind nach Hause kommst, schmeißen wir dich raus! Selbst wenn das Kind später erwünscht ist, ist dieses Programm noch wirksam. Um körperliche Mängel zu beseitigen, mußt du also erst einmal in sehr vielen Fällen die seelischen Probleme aufarbeiten. Dafür gibt es zwei Möglichkeiten. Die erste: Durch Regressionstechniken wirst du von einem Therapeuten in die Situationen zurückgeführt, die Angst in dir ausgelöst haben. Traumata können in einer fachgerechten Hypnosetherapie aufgelöst werden und dich aus dem psychosomatischen Teufelskreis befreien.

Die zweite Möglichkeit: Du lernst zu vergeben, zu verzeihen, du erteilst dir und deiner Vergangenheit eine *Generalabsolution.* Das heißt, du sagst dir mit innerer Überzeugung und Wahrhaftigkeit, daß alles in Ordnung war, wie es war. Du verzeihst deiner Vergangenheit, den Menschen, unter denen du gelitten hast. Du machst Frieden, du dankst ihnen dafür, daß sie dich dahin gebracht haben, wo du heute bist. In dir ist über Leiden Bewußtheit entstanden, ist ein unter dem Druck der Ereignisse entstandenes *erweitertes Bewußtsein,* das dich jetzt verstehen läßt, was vorher unverständlich war. Erkenne, du bist vollkommen in Ordnung, so wie du bist. Wenn du verzeihst, dann ist Vergangenes wirklich auch *vergangen,* ist nicht mehr. Wenn du vergeben kannst, dann gehst du mit dem Strom der Evolution, und der trägt dich weiter, bis du der bist, der du sein willst.

Wenn du fähig bist, wahrhaftig zu vergeben, wird dich ein großes Gefühl von Freiheit und Freude überkommen. Verzeihen können ist eine der wichtigsten Eigenschaften des ethischen reifen Menschen und ist fester Bestandteil jeglicher positiven Lebensphilosophie.

Verzeihe am Sonntag dir selbst.
Verzeihe am Montag deiner Familie.
Verzeihe am Dienstag deinen Freunden und Kollegen.
Verzeihe am Mittwoch quer durch alle finanziellen Schichten deinen Landsleuten.
Verzeihe am Donnerstag quer durch alle kulturellen Schichten deinen Landsleuten.
Am Freitag vergib durch alle politischen Richtungen deinen Landsleuten.
Samstag: Vergib allen anderen Nationen.

Da ist dann nichts mehr, was dich hindert, was dich bremst, was dir angst machen kann. Keiner hält dich gefangen, keine Vergangenheit lastet auf dir. Du selbst kannst dich befreien, einfach dadurch, daß du dich für frei erklarst. Und nun beginne den Zustand der ersehnten Schwangerschaft immer wieder zu visualisieren: Dein Arzt sagt dir, daß der Test positiv ist, du erzählst es deinem Partner und ihr seid glücklich. Du siehst dich stolz mit einem gewölbten Bauch durch die Gegend gehen, deine Freunde freuen sich mit dir.

Dieses Visualisieren wirkt nicht augenblicklich, es dauert eine gewisse Zeit, bis der Widerstand überwunden ist. Es ist auch allgemein bekannt, daß ein zu intensives Wollen die Empfängnis eher verhindert. Oft wurden Frauen genau in dem Moment schwanger, als sie ihren Wunsch nach einem Kind »vergaßen«. Das hängt wieder mit einem geistigen Gesetz zusammen: *Die*

Energie, die du einsetzt, um ein Ziel zu erreichen, ist das Hindernis auf dem Weg zum Ziel. Je mehr willentliche Kraftakte du unternimmst, desto mehr wird dich von dem zu Erreichenden trennen. Wenn du etwas erzwingen willst, vertraust du nicht darauf, daß es geschieht. Sobald du also eine Schwangerschaft erzwingen willst, hast du Angst, daß du nicht schwanger wirst, und genau dieser Glaube ist es oft, der dann in Erfüllung geht. Wenn du dich entschieden hast, ein Kind zu bekommen, so hast du 75 Prozent der Energie freigestellt, die dafür nötig sind. Den Rest überlasse deinem Mann.

Eine Frau, die sich zu eindringlich ein Kind wünscht, übt auch in anderer Weise Zwang aus: Sie ist der Überzeugung, daß ihr ein Kind zusteht, daß ihr ein Kind gehört, nur weil sie biologisch zur Mutterschaft fähig ist. Das ist eine falsche Sicht der Dinge. Die Seele, die sich im Augenblick der Zeugung bei dir inkarnieren will, ist nicht alleine schon deshalb dein Besitz, nur weil das kleine Baby zunächst so hilflos ist. Sie ist eine freie Seele, die dich in Freiheit wählt. Khalil Gibran hat das in seinem Büchlein *Der Prophet* sehr schön ausgedrückt:

»Eure Kinder sind nicht eure Kinder. Sie sind die Söhne und Töchter der Sehnsucht des Lebens nach sich selber. Sie kommen durch euch, aber nicht von euch. Und obwohl sie mit euch sind, gehören sie euch doch nicht. Ihr dürft ihnen eure Liebe geben, aber nicht eure Gedanken. Denn sie haben ihre eigenen Gedanken. Ihr dürft ihren Körpern ein Haus geben, aber nicht ihren Seelen. Denn ihre Seelen wohnen im Haus von morgen …«

Affirmationen: Ich lasse jetzt geschehen, daß ich schwanger bin. Ich bin jetzt in der idealen Verfassung, ein Kind zu empfangen. Ich bin in der Liebe mit meinem Partner vereint und weiß, daß die Tiefe der seelischen Bande das Maß ist, mit dem eine Seele von uns angezogen wird. Unsere Liebe ist die Kraft, die eine Seele anzieht, je tiefer die Zuneigung zwischen mir und meinem Partner ist, desto reifer, älter und liebevoller wird auch der Geist sein, den wir anziehen. Es ist schön, all das zu wissen.

Wenn du Angst hast vor Schwangerschaft und Geburt

Schwangerschaft und Geburt gehören zu den großartigsten Erlebnissen im Leben einer Frau – manche Frauen meinen sogar, es sei das schönste Erlebnis überhaupt. Wenn du erfährst, daß du schwanger bist, solltest du keine Angst bekommen, sondern Freude empfinden über deine Situation. Der weibliche Organismus ist ideal geeignet, Kinder zu gebären. Viele Komplikationen in der Schwangerschaft haben seelische Ursachen. Wenn du Probleme mit deinem Partner hast, wenn du das Kind eigentlich nicht willst, reagiert der Körper. Eins ist sehr wichtig: Falls du dich entschieden hast, das Kind zu behalten, dann solltest du diesen Entschluß auch innerlich vollkommen bejahen. Akzeptiere, was ist, selbst wenn du vorher Zweifel hattest, freue dich auf das neue Leben, das aus dir hervorgeht. Schwangerschaft ist nicht nur die Wartezeit auf die Geburt, sie ist nicht nur Vorspiel auf ein glückliches Ereignis. Schwangerschaft ist eine einzigartige Möglichkeit zur Selbstentfaltung. Eine Chance, sich nicht nur dem Wachstum des eigenen Selbst zu überlassen, sondern sich auch dem neuen werdenden Selbst hinzugeben. Nie ist eine Frau so harmonisch und so vollkommen eingebunden in den kosmischen Kreislauf; nie ist sie in einem direkten Sinn so kreativ wie in dieser einzigartigen Zeit.

Nimm dir in der Schwangerschaft viel Zeit. Jede werdende Mutter streichelt instinktiv ihren Bauch, und spricht mit ihrem Baby. Sag deinem Kind, daß du dich darauf freust, ihm alles Schöne dieser Welt zu zeigen, sag ihm, daß es willkommen ist; sag ihm, daß du es liebst. Es gibt eine Reihe von Untersuchungen darüber, daß Babys schon im Mutterleib ausgeprägte Empfindungen haben. Sie reagieren auf die Gefühle der Mutter, leiden mit, wenn sie Streß und Angst empfindet. Darum sind alle Arten von Entspannungsübungen und positiven Affirmationen jetzt ganz besonders wichtig. Nie ist die Macht deiner Gedanken größer als jetzt: Du kannst durch sie Leben schenken (oder zerstören).

Ein Kind sollte in Liebe empfangen werden, nicht aus Zufall oder gar mit Widerwillen. Bei der Zeugung wird eine Seele angezogen, deren »Größe« von der Qualität der Seelenenergien von Mutter und Vater während der Zeugung bestimmt wird.

Die Geburt ist für jede Frau eine einzigartige Erfahrung. Leider werden jedoch von Generation zu Generation negative Gefühle weitergegeben. Es kursiert das Gerücht: eine Geburt sei gefährlich, schmerzhaft und vieles mehr. Wenn die werdende Mutter solche (Vor-)Urteile innerlich akzeptiert, dann ist es leicht nachvollziehbar, daß sie auch tatsächlich Angst bekommt. Angst kommt von Enge, der Körper verkrampft sich, wird eng, und dadurch entstehen erst in sehr vielen Fällen die Schmerzen. Durch *posthypnotische Suggestion* kann sich eine Frau perfekt auf die Geburt vorbereiten. Das bedeutet, daß man einer Schwangeren eine Suggestion unter Hypnose gibt, die aber erst im Augenblick der Geburt wirksam wird. Das funktioniert so gut, daß wir es schon erlebt haben, daß ein Kind vor der Hebamme da war! Und das ganz ohne Schmerzen für die Mutter.

Sicher kennst du Dr. Leboyer und seine Methode der »sanften Geburt«. Lies nicht nur darüber, sondern wende sie auch an. Wenn es zu vertreten ist, sollte man sich für eine Hausgeburt entscheiden. Das Kind wird nicht durch Kälte, grelles Licht und das Klappern von Metallschüsseln gequält, und es wird nicht der Mutter entrissen. Diesen letzten Punkt kann man gar nicht hoch genug bewerten. Babys, die ihren Müttern gleich nach der Geburt fortgenommen werden, haben oftmals ein Leben lang Kontaktprobleme, das Urvertrauen zwischen Mutter und Kind wird nachhaltig gestört. Es ist himmelschreiendes Unheil, was da von empfindungslosen Menschen für seelischer Schaden angerichtet wird! Noch ein Wort zu den Männern: Väter sollten bei der Geburt nur dabeisein, wenn sie dieses Ereignis verkraften. Keinesfalls darf der Grund sein, der Frau einen Gefallen tun oder den Nachbarn imponieren zu wollen.

Wenn du unsicher bist und während der Schwangerschaft oder vor der Geburt Angst hast, geh zur Hypnosetherapie. Gerade hier sind die Möglichkeiten dieser Heilmethode einzigartig.

Affirmationen: Heute ist ein neuer und wunderschöner Tag, glücklicher als je einer zuvor. Heute werde ich mein Kind, das aus meinem Herzen kommt, in die große weite Welt geleiten. Ich habe lange Sehnsucht in meinem Herzen gehegt, jetzt ist es soweit. Ich bin entspannt, glücklich und froh. Ich weiß, daß mein Körper ideal geeignet ist, ein Kind zu gebären. Sobald die Geburt beginnt, bin ich vollkommen ruhig und werde auch Augenblicke des Schmerzes bejahen. In meinem Ja liegt Weite und Offenheit und so wird es eine ganz und gar natürliche Geburt sein, leicht für mein Kind und mich. Diese Geburt meines Kindes ist ein wunderbares Erlebnis. Ich bejahe es. Ich begebe mich in den Schutz des Allerhöchsten und ich danke Gott, daß er bei mir ist in dieser schönen Stunde.

Wenn ein Kind Schulschwierigkeiten hat

Ein Kind, das Schwierigkeiten in der Schule hat, spiegelt oft Probleme in der Familie wider. Spannungen in der Partnerschaft der Eltern entladen sich allzuoft über die Kinder und sind der Hintergrund für eine leidvolle Jugendzeit. Das Kind hat das Bedürfnis, beschützt zu werden, und wenn sich die Eltern streiten, bekommt es ganz natürlicherweise Angst. Es kann nicht »zumachen« und sich distanzieren, es erlebt alles unmittelbar und leidet oftmals deshalb auch viel stärker als ein Erwachsener. Viele Eltern üben auch direkten Druck auf ihre Kinder aus. Sie fordern, daß auf bestimmten Gebieten Leistungen erbracht werden, obwohl die Talente ihres Kindes vielleicht ganz woanders liegen. Prestigedenken spielt immer wieder eine übergroße Rolle, das Kind »muß« studieren, obwohl es vielleicht eher praktisch begabt ist. Eltern sollten daran denken, daß Kinder eigenständige Wesen mit eigenen Wünschen und Gedanken sind, sie sind kein Eigentum, mit dem man nach Gutdünken verfahren kann. Unausgelebte Träume werden oft nach dem Motto »du sollst es einmal besser haben als ich« gedankenlos übertragen. Die Kinder müssen dann schaffen, woran die Eltern gescheitert sind. Eltern sollten sich viel Zeit für ihre Kinder nehmen und herausfinden, wo deren spezielle Interessen und Vorlieben liegen. Das Besondere im Menschen wird nur dann aktiv, wenn es erkannt und gefördert wird.

Unsere Schulen sind in den allermeisten Fällen unmenschlich, weil sie meist einseitig auf die Vermittlung von intellektuellem Wissen ausgerichtet sind. Da wird im Stundentakt das Thema gewechselt, die meisten Fächer haben keinen Bezug zur Lebenswirklichkeit des Kindes. Körperliche Bewegung und künstlerischer Ausdruck spielen eine untergeordnete Rolle, praktisches, handwerkliches Tun wird geringgeschätzt. Dabei hat es schon sehr früh, in den zwanziger Jahren dieses Jahrhunderts, Ansätze für eine hoffnungsvolle Neuorientierung gegeben. Die Rudolf-Steiner-Schulen (Waldorfschulen) entwickelten damals ein bis heute gültiges Erziehungskonzept: Die Stoffverteilung und die Unterrichtsart richten sich jeweils nach der momentanen Entwicklungsstufe des Kindes, es wird ein Ausgleich zwischen Aufnehmen und eigenem Tun angestrebt, künstlerische und praktische handwerkliche Fächer sind den theoretischen zumindest gleichgeordnet. Großer Wert wird auch auf die Zusammenarbeit zwischen Schule und Eltern gelegt. Sehr viel seltener werden Kinder aus Waldorfschulen therapiebedürftig, sehr oft aber leiden Jugendliche in staatlichen Schulen unter dem oft seelenlosen »Lehrbetrieb«! Im Grunde lernt jedes Kind gern, Lernen ist ein natürlicher, angenehmer Vorgang. Erst ein monotoner Schulbetrieb macht ihn zur Mühsal. Soll einem Kind, das Lernschwierigkeiten hat, geholfen werden, dann darf das nicht mit Druck und Zwang geschehen, um den Stoff »einzupauken«. Unter Druck erreichen wir immer nur das Gegenteil von dem, was angestrebt ist: Lernen wird noch anstrengender, das Kind nimmt noch weniger auf. Durch vielerorts angebotenes autogenes Training für Kinder lernt es, innere Blockaden abzubauen, sich wieder zu öffnen. Imaginiere mit deinem Kind die *positiven Situationen des Lernens*, laß es sehen, wie es entspannt im Klassenzimmer sitzt, wie es aufmerksam zuhört – nicht verkrampft versucht, sich zu konzentrieren. Zeig dem Kind im Alltag, wie lustvoll lernen sein kann. Lernen ist nicht auf die Schule beschränkt, Erziehung heißt auch: Mein Kind macht mit. Es hilft mir beim Kuchenbacken, es lernt, wie man ein Auto wäscht, es erfährt, wie man mit Geld umgeht. Das ist oft mühsam, denn allein geht alles viel schneller, doch es lohnt sich. Stöhne auch nicht über die Arbeit, die *du* machen mußt, sonst stöhnt das Kind über *seine* Arbeit – etwa über die Schule. Wenn du den Nährboden für ein gesundes Heranwachsen deines Kindes bereitest, wird es auch keine Schulschwierigkeiten haben und dir durch ein harmonisches Wesen danken.

Affirmationen für das Kind: Ich lerne gerne, ich bin wie ein neuer Computer, der jetzt darauf wartet, daß seine Speicher gefüllt werden. Meine Speicherkapazität ist riesengroß, und es macht mir Spaß, Wissen in mich aufzunehmen. Wann immer dieses Wissen, das ich in der Schule aufnehme, abgerufen wird, steht es sofort zur Verfügung. Es ist ganz leicht, zu lernen, ich brauche bloß gelöst und entspannt zu sein, Interesse am Lehrstoff zu haben, alles andere geht wie von allein. Ich bin offen für das Wissen der Welt. Ich genieße die Verblüffung der Lehrer und der

Schulkameraden über mein gutes Gedächtnis. Alles Wichtige ist für das ganze Leben in mir abrufbereit. Das Leben ist schön, und ich danke meinen Eltern und Gott, daß es mich gibt.

Für Eltern von schwierigen Kindern

Wenn Eltern ihre Kinder sozusagen zur »Reparatur« in die Praxis bringen, schicken wir oft die Kinder nach einiger Zeit hinaus und versuchen den Eltern schonend beizubringen, daß eigentlich sie auf die Couch gehören und nicht das Kind. Die Eltern sind mit an Sicherheit grenzender Wahrscheinlichkeit der Grund dafür, das sich ihr Kind der Welt mit all ihren Wundern verschlossen hat. Manchmal sind die Eltern dann so betroffen, oder gar beleidigt, daß sie gehen möchten. In der Tat sind schwierige Kinder ausschließlich das Produkt ihrer schwierigen Eltern. Phineas Quimby, ein sehr bekannter spiritueller Lehrer im letzten Jahrhundert, sagt: »Ein Kind ist wie eine leere Tafel, auf die Angehörige, Geistliche und alle, die des Weges kommen, etwas kritzeln.«

Ein Kind ist ein Spiegel der im Elternhaus vorherrschenden geistigen Strömungen. Kinder lernen in erster Linie von ihren Eltern. Eltern sind Bezugspersonen, auf die sich das Kind also in seinem Nachahmungstrieb bezieht! Kinder reagieren ganz unmittelbar auf das, was ihnen gesagt oder vorgelebt wird. Die Eltern eines schwierigen Kindes sollten sich Gedanken über die Art machen, wie sie sowohl miteinander, als auch mit dem Kind umgehen, nur so ist eine Wandlung möglich. Eine Freundin hatte gehört, daß man ausschließlich das tun soll, was man möchte. Diese Botschaft gab sie an ihre Kinder weiter, und das Ergebnis war fürchterlich. Ihre Kinder taten tatsächlich nur noch, was sie wollten. Ohne liebevolle »Zügel« werden sie natürlich nicht lernen, in der Welt zurechtzukommen. Bei aller Liebe zur Freiheit müssen wir uns doch dem Leben hingeben, und das kann heißen, auch Pflichten zu erfüllen. Diese Mutter hat ihre Kinder falsch über Geben und Nehmen aufgeklärt. Sie waren auf dem besten Weg, Egoisten zu werden. Die Kinder befolgen, wie das kindlicher Art entspricht, wortwörtlich, was ihnen gesagt wird.

Auch das Gegenteil, die autoritäre Erziehung, läßt Kinder schwierig werden. Das Erziehungsmodell der westlichen Zivilisation ist seit Jahrhunderten auf Dressur und Unterdrückung aufgebaut und ist alles andere als eine Hilfe zur Selbsthilfe in Freiheit. Ein Kind, das unter Druck gesetzt wird, sucht Ventile und verhält sich dann schnell (selbst-)zerstörerisch. Die Individualität eines Kindes wird bei uns ganz selten gefördert, und die beiden häufigsten und banalsten Begründungen dafür sind: keine Zeit, kein Geld. Vielleicht am verhängnisvollsten für die Erziehung eines Kindes ist es, wenn die Eltern ihre eigenen Ängste nicht aufgelöst haben und sie – unbewußt – auf das Kind übertragen. Das Kind wird unfrei und ängstlich, und selbst wenn man ihm einen Keks anbietet, wird es den Kopf schütteln, aus Angst, etwas falsch zu machen. Hinter dem »Nein« und »Ich will nicht« eines Kindes steht immer Angst vor Neuem. »Nein« zu sagen ist zunächst leichter, nichts kann passieren, alles bleibt beim alten. Dieses Verhaltensmuster wird dann in das Erwachsenenleben übernommen. Die Menschen verharren aus Angst im Alten und leiden, anstatt einen Schritt nach vorne zu tun und dadurch die Situation zu meistern. Früher oder später werden sie doch zu diesem Schritt gezwungen, denn die geistige Evolution duldet keinen Stillstand. Warum also nicht gleich – mit Lust, anstatt mit Leiden? Eltern, die selber in Angst und zur Vorsicht erzogen wurden, geben diese Angst an ihre Kinder weiter, diese wieder an ihre Kinder, und so kann eine ganze Gesellschaft ängstlicher und neurotischer werden. Eine ängstliche und neurotische Gesellschaft jedoch braucht Waffen, um eine Scheinstärke zu demonstrieren, und die Wahrscheinlichkeit, daß diese Waffen eines Tages auch eingesetzt werden, ist dann tatsächlich groß. Sag jetzt nicht, daß deine Angst real und somit gerechtfertigt sei. Jede Angst ist subjektiv. Auch wenn viele Menschen Angst für real halten, wird sie dadurch nicht wirklicher. Die Gefahr ist nur da, wenn wir an die Gefahr glauben. Der Grund für einen Krieg ist seine Vorbereitung! Du kannst dich entscheiden, keine Angst mehr zu haben und unendlich viele Gründe, keine Angst zu haben, werden in dein Leben kommen. Sage dir so oft wie möglich: Ich vertraue auf die göttliche Führung, ich vertraue mir. Du kannst die Lektüre dieses Buches unterbrechen, spazierengehen und dich entscheiden. Entscheide dich aber nicht gegen etwas, gegen Krieg oder gegen irgendein System oder gegen die Angst. Entscheide dich *für* Vertrauen. *Für dich.*

Noch ein praktischer Hinweis für den Umgang mit deinem Kind. Die meisten Eltern spulen gedankenlos ein bestimmtes Programm ab: »Du bist zu blöd, aus dir wird nie etwas, das kannst du nicht, wie oft soll ich dir noch sagen ...« Mach es doch einmal anders: Nimm dein Kind auf den Schoß, wenn es etwas lernen soll, und sag ihm ganz liebevoll: »Siehst du, so macht man das, es ist ganz einfach. Toll, wie du das schon kannst. Und wenn du es so machst, wird es sogar noch besser. Papa und Mama erklären dir alles, dazu sind wir doch da. Wir sind stolz auf dich ...« Theoretisch wissen das fast alle Eltern, aber dann werden sie doch wieder schnell ungeduldig, und die alte Platte wird aufgelegt: »Du bist zu dumm, das wirst du nie begreifen ...« *Versuche konsequent, dieses alte Programm zu löschen und durch ein positives zu ersetzen, und du wirst nie wieder ein schwieriges Kind haben.* Ein Kind, das genügend Aufmerksamkeit und Bestätigung bekommt, ist nicht lästig oder aggressiv. So einfach ist das.

Affirmationen: Ich begleite mein Kind bis zur Schwelle seines eigenen Geistes, von dort wird es selber weitergehen. Ich bin das Tor, durch das mein Kind diese Welt betrat. Eine Seele hat mich als ihren Lehrer gesucht. Aber ein Lehrer lernt auch vom Schüler. Ist Leben etwas anderes als austauschen, als geben und nehmen? Ich liebe mein Kind, so wie ich zu lieben verstehe. Es hat mich ausgewählt, gerade, weil ich noch ein Suchender bin. Es hat mich gewählt, weil es Beispiele dafür brauchte, wie man es macht, aber auch, welche Fehler man vermeiden sollte. Die Qualität, die sich durch mich ausdrückt, hat mein Liebling bei mir gefunden. Mein Kind lebt zwar bei mir, doch es gehört sich selbst. In Demut und Stolz neige ich mein Haupt, und alles ist gut.

Für Jugendliche mit schwierigen Eltern

Vielleicht ist dein Vater Alkoholiker oder deine Mutter eine wehleidige Frau. Vielleicht streiten deine Eltern von morgens bis abends oder du bist ein Scheidungskind. In deiner Kindheit warst du der Denkweise, den Handlungen deiner Eltern vollkommen ausgesetzt. Du hast ihre Probleme reflektiert, denn ein kleines Kind ist der Spiegel seiner Eltern. Du hast unter der Disharmonie in deinem Elternhaus gelitten und andere Kinder, denen es besserzugehen schien, mußtest du natürlich beneiden. Nun ist es an der Zeit, wie Dr. Joseph Murphy es ausdrückt, dein »Königreich zu beanspruchen, denn du bist ein König oder eine Königin über deinen gesamten Wahrnehmungsbereich«. *Alles, was dir jemals von Eltern, Lehrern, Heimerziehern an Ungutem eingeredet worden ist, kann aufgelost werden.* Jeder Mensch ist in der Lage, umzulernen, alte Programmierungen zu löschen und Neues an die freiwerdende Stelle treten zu lassen.

Entscheide dich jetzt, in diesem Augenblick, daß du frei bist, und daß weder deine Eltern noch irgend jemand sonst Macht über dich haben. Besinne dich auf deine Eigenständigkeit, deine Autonomie, deine Individualität. Werde selbständig, wenn du dein Zuhause nicht mehr ertragen kannst. Mit 18 oder 20 wärst du sowieso aus dem Haus gegangen, vielleicht geschieht es jetzt etwas eher. Es ist kein Nachteil, früh auf sich selbst gestellt zu sein, denn es zwingt zum Erfolg. Oft werden Kinder, die verwöhnt und verhätschelt wurden, denen die Eltern alle Schwierigkeiten aus dem Weg räumten, zu Versagern. Sie glauben oftmals, daß andere für ihr Wohlergehen verantwortlich sind und verlieren beim kleinsten Hindernis den Mut. Kinder mit schwierigen Eltern lernen dagegen früh, daß man alle Kraft, die man braucht, aus sich selbst schöpfen kann. Je intensiver der Druck auf dich ist, desto mehr wirst du darauf reagieren. Das mag dir im Einzelfall weh tun, aber da ist nichts, was tatsächlich gegen dich gerichtet ist; die Situation, an der du jetzt leidest, trägt alle Elemente in sich, die dich zum Erfolg führen. Schau dir doch einmal Erfolgsmenschen an. Sie kamen meistens aus schwierigen Verhältnissen, sie mußten sich durchbeißen, und sie konnten sich nur auf ihre eigene Stärke verlassen. Aber *gerade darum* haben sie es geschafft, während die mit dem silbernen Löffel im Mund Geborenen oft im Leben scheitern.

Egal wie schlimm deine Situation mit deinen Eltern ist, nur die Hälfte davon ist wirklich schlimm, die andere ist gut. Du hast gelernt, nur die eine Hälfte zu sehen, übe dich darin, auch die gute zu sehen. Aus einer Situation, die du durchstehst, gehst du gestärkt hervor. Was dich nicht umbringt, das macht dich stärker!

Wenn Eltern mit sich und ihrer Ehe Probleme haben, benutzen sie die Kinder oft als Blitzableiter. Dann wird ihnen gesagt, daß sie nichts taugen, daß sie kein bißchen besser als ihr Vater/ihre Mutter sind, da werden Aggressionen am schwächsten Glied der Kette ausgelassen. Als kleines Kind wußtest du nicht, daß die Mutter eigentlich den Vater meinte, wenn sie dich angeschrien hat, du hast das natürlich auf dich bezogen und gemeint, daß du eben kein liebenswertes Kind seist, wenn man dich so behandelt. Nun bist du alt genug, um zu erkennen, daß du nicht schuld bist, daß deine Eltern nur ihre eigenen Schwierigkeiten (an dir) abreagiert haben. *Du kannst alle negativen Suggestionen zurückweisen, wenn du weißt, daß sie nichts mit deiner Person zu tun haben.*

Mach dich mit dem Gedanken vertraut, daß du dir deine Eltern ausgesucht hast. Du hast sie dir als ideale Lehrer gewählt. Wenn du die Sache aus dieser Perspektive betrachtest, wirst du lächeln und dich nicht länger als Opfer fühlen. Sag dir: Die Fehler, die ihr macht, liebe Eltern, die werde ich nicht machen. Ich nehme bewußt zur Kenntnis, was bei euch läuft, und nehme es als Gelegenheit, daraus zu lernen. Ich sehe genau, wo ihr ganz großartig und wo ihr mittelmäßig oder sogar ungenügend seid. Denk daran: »Niemand ist unnütz, er kann immer noch als schlechtes Beispiel dienen.« Ich entscheide mich jetzt für mich selbst!

Wenn du das schaffst, wirst du nicht dein ganzes Leben herumlaufen und noch als Grufti deine Eltern für deine Mißerfolge und dein Unglück verantwortlich machen. *Die Vergangenheit hat nur soviel Macht über dich, wie du ihr gibst.* Deine Eltern haben nur soviel Macht über dich, wie du ihnen zugestehst. Entscheide dich für die Freiheit, und du wirst frei sein.

Affirmationen: Ich entscheide mich. Für mich. Meiner Lehrzeit erster Teil ist nun beendet. Ich bin ein kreativer Denker und nutze diese Fähigkeit von nun an zu meinem und zum Wohle aller. Ich habe mir diese Eltern als Lehrer gesucht, um zu lernen, wie es geht, und auch, was man alles falsch machen kann. Meine Eltern haben mich durch ihre persönliche Note zur Schwelle meines eigenen Geistes geführt, von wo aus ich allein weiterwandern will. Meine Eltern haben zu mir von ihrem Verständnis der Dinge gesprochen, doch mein Verstehen muß ich selber suchen. Ich bin der Teil meiner Eltern, der weiterlebt, wenn sie nicht mehr da sind. Alles was ich von ihnen annehmen konnte, lebt in mir weiter, doch nehme ich es auf meine Weise. Die Jahre, die ich bei ihnen war, sind die Flügel, die mich durch die Zeit tragen zu meinem eigenen Ich. Ich danke dir, Mutter, und dir, Vater.

In einer akuten Ehekrise

Eheprobleme entstehen oft zunächst nur, weil von den Eltern diese Rolle, nämlich Eheprobleme zu haben, »vorgespielt« wurde. Wenn die Mutter dazu neigte, jedem Konflikt durch mitleidheischende Kränklichkeit zu entgehen, so wird die Tochter – wenn auch unbewußt – diese Haltung übernehmen. Wenn der Vater seine Verletzlichkeit hinter Aggressivität versteckte, so wird auch der Sohn dieses Muster wählen. Wenn du Probleme mit deinem Partner hast, dann werde dir also erst einmal klar darüber, ob du nicht einfach eine Rolle spielst, die du von deinen Eltern übernommen hast.

In einer Ehekrise neigt jeder dazu, dem anderen die Schuld an dieser Situation zu geben. »Weil *du* untreu warst. Weil *du* zu wenig Rücksicht auf mich nimmst. Weil *du* mit deinem Beruf verheiratet bist. Weil *du* dich ja emanzipieren mußt. Weil *du* böse, gemein, unmoralisch, abscheulich bist. *Ich* dagegen bin unschuldig. *Ich* will nur das Beste für uns beide. *Ich* habe ja wohl noch ein Recht darauf. *Ich* kann ja nichts dafür. *Ich* bin betrogen und ausgenutzt worden…«

Spielt da etwa wieder jemand die Opferrolle?

Es gibt aus jeder Ehekrise einen sicheren Ausweg: *Ändere du selbst dich, dann, aber wirklich erst dann, wird sich auch der andere ändern.* Alle Probleme, die du mit einem anderen hast, haben ihren Ursprung in dir selbst. Du hast dir nur für dein Theaterstück den passenden Partner gesucht. Es wird dir niemals gelingen, jemanden zu ändern, wenn er selbst es nicht will. Je mehr Druck du ausübst, desto mehr Widerstand wird er leisten, um so mehr Druck mußt du wiederum ausüben… und so weiter. Stell dir vor, ihr sitzt beide in einem Segelboot (eurer Ehe). Jeder hängt sich auf seiner Seite weit über Bord, um das Boot im Gleichgewicht zu halten. Je mehr sich der eine hinauslehnt, desto weiter muß sich auch der andere hinauslehnen, um die Gleichgewichtsstörungen auszugleichen, welche die Stabilisierungsversuche des anderen verursachen. Das Groteske an dieser Lage ist nur, daß das Boot selbst vollkommen im Gleichgewicht wäre, wenn die beiden es nicht zu stabilisieren versuchten, sondern bequem zusammen darin säßen: Du mußt also *weniger* tun (weniger anklagen, weniger schimpfen, beschuldigen, den anderen verändern wollen), um *mehr* zu erreichen, nämlich »das Boot« wieder mühelos stabil zu halten.

Eine Krise ist auch immer eine Chance zur Wandlung. Frag dich einmal: Was ist an unserer Beziehung überholt, festgefahren, starr, was stellt sich einer lebendigen Entwicklung in den Weg? Eine Ehe ist keine Momentaufnahme, die am Tag der Hochzeit gemacht wird und dann für alle Zeiten gültig ist. Als ihr geheiratet habt, hat der Mann sich vielleicht als Brötchenverdiener und die Frau als Mutter und Hausfrau gesehen. Aber muß das jahrzehntelang so bleiben? Als ihr euch kennengelernt habt, wolltet ihr vielleicht jeden Abend gemeinsam verbringen, aber heißt das, daß man nie mehr allein etwas unternehmen darf? Es gibt bei einer Eheschließung viele – meist sogar unausgesprochene – Vereinbarungen, die erst ans Licht kommen, wenn sie gebrochen werden. Klammere dich nicht an ihnen fest, nur weil du mit zwanzig von ihrer Richtigkeit überzeugt warst.

Das Leben ist ständiger Wandel, was sich nicht wandelt, zerbricht. Also ist es gerade nicht das Festhalten am gewohnten Muster, was die Ehe festigt, sondern die natürliche Veränderung, die Entwicklung. Eine überstandene Krise nützt der Ehe, das bestätigen viele Paare.

Überleg dir, was *du* in eurer Ehekrise tun kannst, welche Einstellungen du überprüfen und verändern kannst. Ist es nur dein gekränkter Stolz, der dich so wütend macht? Ist es deine Angst, verlassen zu werden? Kehre vor deiner eigenen Tür, miste deinen Augiasstall aus, sieh den Balken im eigenen Auge. Und wenn das jeder für sich tut, habt ihr ganze Arbeit geleistet, die Krise wird überwunden sein und du bist wieder einmal um viele, viele Erkenntnisse reicher.

Affirmationen: Ich liebe meinen Partner. Ich gestatte ihm Freiraum, ich gestatte ihm zu sein, wie er es entschieden hat. Ich sehe unsere Partnerschaft von Liebe und Harmonie erfüllt. Auf meiner Seite ist die Bereitschaft, Freiheit zu geben, sie ist mein Ausdruck von Liebe, zu der ich fähig bin. Alles, was in mir seinen Ursprung hat, kehrt zu mir zurück. Mein Partner hat Vertrauen zu mir, und seine Liebe gibt mir die Kraft, alles Nötige zu tun. Ich bin weich, durchlässig, liebevoll und friedfertig. Gott selbst hat uns zusammengeführt, und ich rufe ihn jetzt um Hilfe an. Seine Weisheit soll das Licht sein, das unserem gemeinsamen Pfad leuchtet.

Bei einer Scheidung

Wenn man sich nach reiflicher Überlegung zu einer Scheidung entschlossen hat, so gibt es nur eine Reaktion darauf: Man soll sich über diesen Entschluß freuen (auch wenn der Partner dabei nachgeholfen hat). Endlich hört dieses Katastrophenverhältnis auf! Endlich bin ich wieder frei! Endlich habe ich wieder Spaß am Leben! Endlich bin ich offen (frei) für neue, schöne Begegnungen! Versuche, in dem wahrscheinlich jetzt folgenden Finanzstreit der Klügere zu sein. Wenn du es dem anderen finanziell »heimzahlen« willst, wird er das gleiche mit dir tun. Wenn du verständnisvoll bist, wirst du mit Sicherheit vom anderen mehr bekommen. Nehmt nur *einen* Anwalt, der freundlich schlichtet, und nicht zwei, die eventuell aus dem Anheizen eures Streits Kapital schlagen.

Eine Scheidung gibt dir Gelegenheit, über eine der wichtigsten Tatsachen des menschlichen Lebens nachzudenken: die Trennung. Trennung ist der Gegenpol von Begegnung, Bindung. Das eine ist ohne das andere gar nicht möglich.

Eine bewußte und in liebevoller Konsequenz vollzogene Trennung bedeutet loslassen können, und das ist etwas, was uns allen unendlich schwerfällt.

Wir alle neigen dazu, alles, was wir in die Finger bekommen, krampfhaft festzuhalten, aus Angst, wir gingen sonst leer aus. Doch dieses Festhalten an der Vergangenheit, an alten Beziehungen oder gar die Überzeugung, man habe ein »Recht« darauf, etwas oder jemanden zu besitzen, dieses Festhalten *selbst* ist es, das die Probleme schafft. Menschen, die ihren Ehepartner nicht loslassen können, schwelgen in Rache- und Haßgefühlen, ihre Unfähigkeit zur Ausscheidung des Gefühlsabfalls zieht oft Krankheiten der Ausscheidungsorgane (Darm, Nieren oder Leber) nach sich.

Catherine Ponder hat einen Satz in ihrem Buch *Die Heilungsgeheimnisse der Jahrhunderte* geschrieben, den du dir in der Situation einer Trennung einprägen solltest: *»Wenn irgend etwas aus Ihrem Leben verschwindet, ist das immer ein Zeichen dafür, daß etwas Besseres unterwegs ist.«* Allerdings kann dieses Bessere nur kommen, wenn du das Alte losläßt. So wie man nur in ein leeres Gefäß ein neues Getränk gießen kann, so kann auch nur eine neue, bessere Partnerschaft beginnen, wenn du dich von der alten, überholten Beziehung freigemacht hast.

Und nun, wenn du dich von deinem Ehepartner in liebevoller Konsequenz verabschiedet hast, beginnt die nächste Phase deines Lebens. Du hast sicherlich Fehler in deiner Ehe gemacht, aus denen du gelernt hast, du bist erfahrener, reifer geworden. Du wirst nicht den nächstbesten Partner wählen, du wirst bewußt und in Ruhe suchen, du wirst dir Zeit lassen. Vor allem ältere Frauen neigen oft zur Panik, sie befürchten, daß es bald niemanden mehr geben wird, der zu ihnen paßt. Sie haben natürlich recht, es wird dann niemanden mehr geben, wenn sie es sich *einreden.* Was du befürchtest, wird über dich kommen.

Stell dir vor, daß du ein Wesen mit allen Chancen bist. Du hast an jedem Finger eine(n), die idealen zehn Partner(innen) stehen schon für dich bereit, sie warten auf dich. Du hast dich in deinen tiefsten Tiefen schon entschieden, doch du bist nicht in Eile, du genießt deine Freiheit. Du entscheidest dich erst wieder ganz bewußt, wenn du innerlich auch wirklich vollkommen dazu bereit bist. Denk nicht an statistische Wahrscheinlichkeiten über Chancen der Wiederverheiratung, du bist keine statistische Größe, du bist ein Individuum. Miss Amerika oder Mister Universum haben keine größeren Chancen, glücklicher zu werden als du, denn dein Idealpartner will ja nicht Miss Amerika oder Mister Universum, er will ausgerechnet *dich*.

Sieh auch für den Menschen, mit dem du verheiratet gewesen bist, neue Möglichkeiten, neue Chancen. Auch du warst nicht der ideale Partner für ihn.

Falls du dich nicht so bald wieder binden möchtest, stell dir all die großen Chancen vor, die sich dir jetzt bieten. Du kannst endlich ohne Rücksichtnahme auf die Familie beruflich Karriere machen. Du kannst eine Weltreise unternehmen. Du kannst ein Jahr ins Ausland gehen. Du kannst endlich ungestört meditieren...

Manche Menschen reifen in einem Jahr Alleinsein mehr als in zehn Jahren Partnerschaft. Denk dran: Auch eine Scheidung ist ein Problem, das du dir selbst zum Geschenk gemacht hast, um neue Erkenntnisse zu gewinnen. Der »Blick zurück im Zorn« macht dich unnötig leiden. Und wolltest du nicht versuchen, ohne Leiden zu lernen?

Affirmationen: In unserer Trennung liegt die Hoffnung auf Freiheit. Um sie dir und mir zu gewähren, entlasse ich dich heute liebevoll aus meinem Leben. Etwas Gutes, ja etwas sehr Gutes ist für dich und mich unterwegs, und wir wollen beide bereit sein, es jetzt zu empfangen. Das Leiden, das wir uns gemeinsam schafften, hat uns ausgehöhlt, und dieser Raum will sich jetzt mit Freude füllen.

Freude und Leid kommen aus derselben Quelle, haben ihren gemeinsamen Ursprung tief in unserem Inneren. Ich danke dir für die guten und auch für die weniger guten Stunden an deiner Seite. Unsere Freude und unser Leid hat uns beide wachsen lassen, so daß wir jetzt loslassen können und jeder für sich dem eigenen Glück entgegengeht. Ich will gerne an die gute Zeit mit dir zurückdenken und wünsche dir von Herzen alles Gute. Lebe wohl, ein gütiges Schicksal läßt unsere Wege auseinandergehen.

Einsamkeit

Einsamkeit ist selbstgewähltes Leid, ist Beschränktheit im Denken, ist ein ganz und gar freiwilliger Rückzug aus der Welt. Vielleicht warst du schon ein einsames Kind, deine Eltern schenkten dir zuwenig Aufmerksamkeit, du durftest nicht mit den »Schmuddelkindern« spielen, du wurdest nur gelobt, wenn du dich allein in dein Zimmer zurückgezogen hattest. Doch nun bist du erwachsen, und kein Mensch zwingt dich mehr, in Isolationshaft zu sein. Selbst wenn du keine Familie hast und im Altersheim wohnst, mußt du nicht einsam sein: Im Zimmer neben dir und im Zimmer über dir und im Zimmer unter dir hoffen andere Menschen, daß du an ihrer Türe anklopfst, einen gemeinsamen Spaziergang vorschlägst oder nur eine Tasse Kaffee trinken willst.

Wer zu Hause sitzt und sagt: »Ich habe niemanden«, der hat sich selbst in diese Situation gebracht. Es gibt so viele, die nur darauf warten, angesprochen zu werden. Geh einmal am Wochenende in die Parks, da sitzen viele, viele Menschen auf den Bänken, junge und alte, die gerne mit dir ins Gespräch kommen würden. Wenn alle darauf warten, daß der andere den ersten Schritt tut, passiert natürlich selten etwas. Also sei du derjenige, der guten Tag sagt und übers Wetter redet – bald wird mehr daraus, und wenn nicht, versuchst du es beim nächsten.

Einsamkeit ist vielleicht das illusionärste Gefühl, das man überhaupt haben kann. Denn kein Ding, kein Wesen auf dieser Welt ist wirklich isoliert von seiner Umwelt. Fühl mal in dich hinein. Du stehst in ständigem Austausch mit allem, was um dich herum ist. Du atmest die Luft, du spürst die Sonnenstrahlen auf deiner Haut, du gehst auf jemanden zu, du weichst ihm aus, du sprichst, du hörst, du empfängst die Gedanken anderer, du sendest Gedanken an andere aus. *Wir alle sind Teil eines kosmischen Ganzen, wir können überhaupt nur in dieser Wechselwirkung existieren.* Du stehst in ganz bestimmten Zusammenhängen in deinem Leben, und wenn du die Beziehungen, die du zu anderen hast, nicht wahrnimmst, dann kannst du auch niemals du selbst werden.

Oft wird der Schmerz der Einsamkeit hinter Kälte und Hochmut versteckt oder zu einem besonderen Gütezeichen hochstilisiert. Vor allem Männer sehen sich gern in der Rolle des einsamen Wolfes, wobei sie in Wahrheit nur Angst vor Nähe haben. Erkenne deine wahre Natur, dann löst sich deine Einsamkeit wie ein Nebel in der Sonne auf. Streck deine Arme nach anderen aus, gerade, weil du weißt, wie weh es tut, nicht beachtet zu werden.

Reiß die Mauer um dich herum ein und hoffe nicht, daß das andere tun. Schlag dir einen Weg durch die Dornenhecke und warte nicht noch hundert Jahre darauf, daß ein Prinz dich wachküßt.

Du kannst auch einsam sein, wenn du oberflächlich keine Kontaktschwierigkeiten hast. Ja, vielleicht bist du sogar der Aufreißertyp, der ständig beweisen muß, was für ein toller Hecht er ist. Dann geh einmal in einer ruhigen Stunde in dich und frag dich, wovor du Angst hast. Ist es vielleicht die Angst, zurückgewiesen zu werden? Wenn man nicht viel einsetzt, riskiert man nicht viel, und wenn oberflächliche Beziehungen zerbrechen, tut das nicht so weh, als wenn man sich wirklich auf jemanden eingelassen hat. Laß, für den Anfang nur vor dir selbst, einmal die Maske des Coolen fallen und geh dem tiefen Schmerz in deinem Inneren nach. Vielleicht hat dich deine Mutter als Kind immer wieder von sich weggeschoben und du hast dir geschworen, daß dir so etwas nie wieder passieren wird? Bist du soweit zu erkennen, daß deine Maske dich selbst zerstören wird, wenn du sie nicht fallen läßt? Die Erkenntnis, daß du in Wahrheit einsam bist, weil du sie gewählt hast, ist der erste Schritt, sie zu überwinden.

Und nun klappe dieses Buch vorübergehend zu und tue etwas ganz Konkretes gegen deine Einsamkeit. Ruf den Menschen an, auf dessen Anruf du wartest. Bring der Nachbarin ein Stück selbstgebackenen Kuchen vorbei. Geh ins nächste Café und fang ein Gespräch mit einem Unbekannten an. Tu irgend etwas, das deinen Sehnsüchten entspricht. Nicht morgen oder bald, sondern jetzt!

Affirmationen: Ich bin in ständiger Kommunikation, im Austausch, von Geben und Nehmen. Ich bin ständig in intensiver Wechselbeziehung mit allem, was geschieht. Ich bejahe diese Tatsache, ich unterstütze sie. Ich sitze auf einer Bank im Sonnenschein und fühle, daß ich eins bin mit allem. Die Landschaft, die Blumen, die Bäume, ich – wir sind gemeinsamen Ursprungs. Ich, alles, ist der »eine« in der Erscheinungsform des Vielfältigen. Alle Menschen, die vorübergehen, tauschen mit mir aus: Blicke, Gedanken, einen Gruß, Worte. Ich lächle, und das Lächeln kehrt vermehrt zu mir zurück. Wenn jemand kein Lächeln hat, leihe ich ihm eins von mir. Ich bin im Gespräch mit allen Erscheinungsformen des Ganzen, mit der Sonne, dem Wind, der Blume dort drüben, dem Vogel vor mir. Gott liebt mich und dich. Ich öffne mich, ich sage ja zum Leben. Ich sage ja zu mir. Alles andere folgt von allein. Gut, daß es uns gibt.

Im Krankenhaus

Kranksein ist Ausdruck von Disharmonie, gleichgültig ob im Körper oder Gemüt. Ursprung körperlicher Krankheit sind fast ohne Ausnahme seelische Spannungen, die nicht abgeleitet wurden. Gefühle, die wir nicht (aus-)leben, addieren sich über Frustration zu Aggressionen, die dann ihre Auswirkungen sowohl im Körperlichen als auch im Seelischen haben (Psychosomatik). Über dieses Gleis entstehen, mit hinzukommenden anderen Komponenten, mehr oder weniger alle nicht erwünschten Ergebnisse im menschlichen Körper.

Wir haben als Kinder sehr oft Kopfschmerzen, Bauchschmerzen und Gott weiß was alles gehabt, weil wir herausgefunden hatten, daß wir dann mehr Zuwendung erhielten. Da tat nichts weh, aber wir merkten, daß wir mit Krankheit etwas erreichten: Schokolade bekommen haben, gestreichelt wurden, Mitgefühl bekommen haben. Wir mußten keine Hausaufgaben machen und nicht in die Schule gehen. Dieses Verhaltensmuster hat sich bei vielen Menschen verselbständigt. Das Kind, das bei allen möglichen und unmöglichen Situationen Krankheit, Unwohlsein vorgaukelt, ist immer noch in uns. Doch wenn wir erwachsen sind, merken wir, daß unsere Familie kaum noch reagiert, wenn wir nur ein bißchen krank sind, und so schalten wir in den nächsthöheren Gang: Wir bekommen eine »beeindruckendere« Krankheit, die uns die erwünschte Aufmerksamkeit gibt.

Wenn du sogar ins Krankenhaus kommst, hast du für ein paar Tage die volle Aufmerksamkeit aller. Deine Freunde sind besorgt, die Ärzte bemühen sich um dich. Ist das nicht ein Genuß für das kleine Kind in dir? Doch mit der Zeit läßt die Aufmerksamkeit nach, deine Freunde haben andere Probleme, die Ärzte andere Patienten. Genau an diesem Punkt, an dem du beginnst, dich im Krankenhaus zu langweilen, genau da setzt, wenn du dich nicht zu sehr »reingesteigert« hast, deine Heilung ein. Du beginnst dich danach zu sehnen, zu Hause zu sein. Du fängst an, dir vorzustellen, wie es ist, zu Hause gepflegt zu werden. Solltest du zu Hause nach acht Tagen gründlicher Pflege langsam weniger Aufmerksamkeit auf dich lenken können, beginnt eventuell das Spiel von vorne...

Dr. Murphy sagte einmal zu mir: »Jede Krankheit ist eine Geisteskrankheit.« Wenn das geistige Prinzip von Gesundheit und Harmonie gestört ist, dann bringt der Körper dies zum Ausdruck. Die Ursache fast aller Krankheiten, Probleme und so weiter ist seelische Disharmonie, und deshalb kann man Krankheit nur vermeiden und überwinden mit Gedanken an Gesundheit, an Harmonie und Frieden. Hier liegt auch offensichtlich das Problem der traditionellen Medizin. Sie beschäftigt sich mit Krankheiten statt mit der Gesundheit, und auf diese Weise schafft und nährt sie Krankheiten. Krankheit ist nichts Eigenständiges, nichts wirklich Existentes. Krankheit ist ein Schatten in deiner Seele. Sie ist ein Mißverständnis. Krankheit ist Kränkung der Schöpferkraft, Krankheit ist mangelndes Bewußtsein, ist Mangel im Geiste. Dein Körper bringt deine Sorgen zum Ausdruck. Er »vergrößert« deine seelischen Probleme, er macht sie über das Sichtbare deutlich, so deutlich, daß es alle sehen können. Von vegetativen Unstimmigkeiten über Neurosen und organische Fehlfunktionen bis hin zu lebensbedrohenden Krankheiten, und manchmal dann auch bis zur Unheilbarkeit ist alles doch nur eine Offenbarung innerer Zwistigkeiten, innerer Spannungspotentiale, die über das Ventil Körper nach Erlösung suchen. Doch auch die Diagnose »unheilbar« ist keineswegs absolut gültig. Dr. Joseph Murphy sagt: »Es gibt keine unheilbaren Krankheiten – es gibt nur unheilbare Menschen, d. h., es sind jene, die glauben, daß sie nicht geheilt werden können; und was sie glauben, geschieht ihnen auch.«

Laß dich nicht symptomatisch behandeln, denn Symptombehandlung führt nur zur Symptomverschiebung. Die beste Möglichkeit, gesund zu bleiben – oder wenn du nun schon im Krankenhaus bist, gesund zu werden –, ist einfach und kostet nichts: täglich ein- bis zweimal in die Stille gehen, meditieren, loslassen, keinen Widerstand bieten, zulassen, geschehen lassen. Sei die weiße Wolke, die nirgendwohin will, wo immer sie ist, dort ist ihr Ziel. Dein Intellekt wird sich dagegen sträuben, mit so einem »Humbug« gegen so etwas Ernstes wie eine schwere Krankheit anzugehen. Doch dein höheres Selbst weiß es besser, laß es deine Führung sein.

Erwarte nicht, daß dein Arzt deine Krankheit heilt. Er ist nur ein Werkzeug, er ist dazu da, deinem inneren Arzt zu helfen. Laß dich nicht von der Schwere der Krankheit beeindrucken, alle Krankheiten werden im Krankenhaus zunächst schlimmer. Ignoriere das bedenkliche Kopfschütteln der Ärzte, denn es drückt nur aus, daß die Schulmedizin ihre Grenzen hat. Du aber weißt, daß dein innerer Arzt weiser ist. Überantworte dich ihm und laß auch ihn sein »Werk« tun!

Wenn du im Krankenhaus liegst, beschäftige dich nicht mit deiner Krankheit, male dir statt dessen deine Gesundheit aus. Sieh dich zu Hause herumspringen, du bist glücklich und fühlst dich wohl. Deine Familie und deine Freunde freuen sich mit dir, sie gratulieren dir zu deiner Gesundheit, sie kochen dein Lieblingsessen, sie reden mit dir, gehen auf dich ein, sie unternehmen etwas mit dir. Oder du siehst dich irgendwo im Urlaub auf einer Wiese sitzen, am Strand spazierengehen, du genießt die Natur, du bist in Harmonie mit der Schöpfung. Denk immer an das Ziel, nicht an mögliche Komplikationen. Geh mit der Lösung zu deinem höheren Selbst. Sobald sich dein subjektiver Geist in angstvollen Visionen von Leid und Schmerz bewegt, rufe ihn zur Ordnung. Brich die negativen Gedankenketten ab, immer wieder. Die Sehnsucht nach dem Endzustand, nach Gesundheit, nach deinem Ziel ist das Hauptelement der Gesundung, jede Beschäftigung mit der Krankheit stärkt nur die Krankheit. »Glaube heilt jede Krankheit«, sagte schon Paracelsus, und du hast nun im Krankenhaus genügend Muße, diesen Glauben zu entwickeln, ihn auszubauen. Glaube an die Gesundheit, nicht an die Krankheit, und du wirst alsbald gesund sein.

Glaube an das, was noch nicht ist, damit es werde.

Affirmationen: Vollkommene Gesundheit erfüllt mein ganzes Sein. All mein Trachten, all mein Streben ist auf Harmonie von

Körper und Geist gerichtet. Ich beschäftige mich von nun an mit meinen Zielen. Mit dem, von dem ich will, daß es ist. Ich weiß, was Gesundheit ist. Ich meditiere darüber, ich denke daran, ich spreche darüber. Alles, was auf diesen Wunsch ausgerichtet ist, ist mir willkommen. Kosmos heißt Harmonie, und Harmonie drückt sich in der gesamten Schöpfung aus, auch in mir. Ich bin in Harmonie mit mir und dem Schöpfer. Ich lasse geschehen, daß die vollkommene Heilkraft durch mich wirkt, sich in meinem Körper, meinem Geist ausdrückt. Vollkommene Gesundheit vollzieht sich jetzt, sie manifestiert sich als Schönheit, Friede, Schöpferkraft und Harmonie in mir und um mich. Ich weiß, Gott ist da, er selber sagte, daß er bei mir sein werde, wenn ich ihn brauche. Danke Vater, daß es so ist.

Wenn du jemanden haßt

Einer der größten Zen-Meister, Lin-Chi, erzählte gerne folgende Geschichte: Eines Tages fuhr er mit einem kleinen Boot auf einen See hinaus. Er saß mit geschlossenen Augen da und ließ sich treiben, als plötzlich ein anderes Boot an seines stieß. Lin-Chi dachte: Da hat mich jemand angerempelt! Er öffnete die Augen und wollte gerade den Mann im anderen Boot beschimpfen, als er sah, daß dieses Boot leer war. Aber an einem leeren Boot seine Wut auszulassen, erschien ihm unsinnig. Und dann kam ihm eine große Erkenntnis: Jedes Boot, das dich anrempelt, ist leer! Die Wut, die du hast, ist in dir, und nur dort kannst du sie auflösen. Du bist die Quelle von allen Gefühlen, positiven oder negativen, die du anderen entgegenbringst. Bei den liebevollen Empfindungen sind wir eher bereit, das zu akzeptieren, weil es uns schmeichelt. Aber du bist auch der Urheber deiner Aggressionen, deiner Wut, deines Hasses und, du bist nie wütend wegen dem, was du siehst! Oder, noch richtiger, was du siehst, ist die Vergangenheit.

Aggressionen entstehen aus unausgelebten Gefühlen, aus aufgestauten Frustrationen. Um ein so starkes Gefühl wie Haß gegen jemanden zu entwickeln, mußt du lange Zeit deine negativen Gefühle verdrängt haben. Daraus entstehen dann auch die für Außenstehende oft unverständlichen Gewalttaten, die »aufopfernde« Mütter oder brave Ehemänner begehen.

Gib niemals an das Objekt deines Hasses die Verantwortung für dieses Gefühl ab. Wenn du das tust, wirst du dich ohnmächtig fühlen und deshalb noch mehr hassen, zum Beispiel auch dich selbst. Spürst du Haß, so wende dich nicht dem Objekt dieses Hasses zu. Geh dahin, wo der Haß herkommt. Geh zu dem inneren Punkt, an dem der Haß entsteht, geh nach innen zum Zentrum. Haß hat keine eigene Realität, er ist nur ein Schatten in deinem Gemüt. Frag einen anderen, wie er den von dir gehaßten Menschen sieht, und er wird ihm vielleicht vollkommen gleichgültig oder gar sympathisch sein.

Du haßt im anderen deinen eigenen Schatten, deine eigenen abgelehnten Eigenschaften oder die Eigenschaften, von denen du glaubst, daß du sie überwunden hast.

Nur ein unreifer Mensch empfindet Haß, denn Haß symbolisiert Mangel an Bewußtsein. Haß ist nur möglich, wenn es dir an Liebe mangelt. Wir hassen nur, was wir nicht kennen. Haß ist zerstörerisch, ist selbstzerstörerisch. Er zerstört weniger das Ziel, auf das er gerichtet ist, als denjenigen, der haßt. Das negative Gefühl ist in *dir* und schadet *in erster Linie dir.* Das Objekt reflektiert deinen Haß, und du bekommst zurück, was du ausgesandt hast. Wenn du Wind säst, wirst du Sturm ernten. Somit vergrößern sich deine negativen Empfindungen noch, anstatt zu verschwinden. *Wer haßt, sollte sich der Gefahr bewußt sein, in der er schwebt.* Wer zu der Erkenntnis kommt, daß er sich selbst und nicht etwa den anderen mit Hassen zerstört, wird damit aufhören. Moralische Appelle nützen so lange nichts, bis diese Erkenntnis zu dem Hassenden durchgedrungen ist.

Versuche nicht, Aggressionen in dir zu unterdrücken, sie werden dadurch nur größer und vernichten dich. Laß sie zunächst zu, um sie dann bearbeiten (auflösen) zu können, und du brauchst nicht mit blinder Wut auf so vieles zu antworten.

Stell dir vor, jemand hat dich beleidigt. Wut steigt in dir hoch, du könntest ihn »umbringen«. Deine Wut strömt dem Menschen entgegen, der dich beleidigt hat. Doch was hat er eigentlich getan? Er hat dich nur angestochen, er hat einen Knopf bei dir gedrückt, deiner Wut dazu verholfen, aufzusteigen, er hat sie aus dir herausgelockt. Aber Wut ist immer *deine* Wut, weil du sie empfindest. Ginge er zu Jesus, würde der ihm die andere Backe hinhalten. Spuckte er einen Buddha an, so würde er nur ein Lächeln ernten.

Der andere kann nur aus dir herausholen, was schon in dir ist, und wenn du deine Gefühle für noch so »real« und gerechtfertigt hältst. Vielleicht ist der andere tatsächlich ein böswilliger Mensch, aber was kann dir das anhaben, wenn du liebevoll bist? »Kümmere dich nicht um die Dummheit der anderen, kümmere dich um deine eigene«, pflegte Sri Aurobindo zu sagen, wenn sich seine Schüler über andere Menschen beschwerten. *Unwissenheit* ist Ursprung von Haß, Not, Leiden und du bist ein *Wissender*, wenn du dich zu deiner Größe bekennst.

Wenn du dich selbst änderst, werden sich auch die Erfahrungen, die du mit anderen machst, ändern. Wenn du haßt, triffst du auf hassende Menschen, wenn du liebst, triffst du auf liebende Menschen. Wann treffen wir uns?

Affirmationen: Liebe ist ein verzehrendes Feuer, das alles, was nicht seiner gemäß ist, auflöst. Gott ist Freude, deshalb hat er die Sonne vor mein Haus gestellt. In mir sind Freude, Liebe, Güte, Verständnis, guter Wille, Toleranz, Verständigungsbereitschaft die vorherrschenden Charaktereigenschaften. Jede einzelne löst ihr nicht Gemäßes auf. Einen Menschen zu lieben, heißt, ihm zu sagen, daß er unsterblich ist. Ich meditiere über das Zeitlose in mir und erfahre eine Zunahme inneren Bewußtseins. Mein Gott ereignet sich in diesem Werden. Es ist ein unbegrenzter Zustand immer tiefer werdenden Friedens, der alle früheren Schwellen gegenstandslos werden läßt. Ich gestatte dem Guten in mir, daß es geschieht. Ich begegne dem Komplizierten einfach. Was ich verändern will, überwinde ich, indem ich Gutes tue.

Wie du der Negativität anderer begegnest

Wir alle sind als Kinder durch negative Äußerungen kleiner gemacht worden, als wir schon waren. Da hat jemand, dem wir Autorität gaben, gesagt: »Aus dir wird nie etwas. Du wirst jeden Tag dümmer. Das kannst du nicht. Du bist nicht hübsch genug. Du bist nicht artig genug. Du bist ein Versager.« Heute nehmen wir diese Behauptungen scheinbar nicht mehr ernst, doch unsere Selbstsicherheit ist allzuoft nur oberflächlich. Tief innen haben wir oftmals massive Minderwertigkeitsgefühle, fürchten, daß es vielleicht doch wahr sein könnte, was uns so oft und auch so eindringlich gesagt worden ist. Und immer, wenn eine neue Aufgabe auf uns zukommt, flüstert eine Stimme in uns: »Das schaffst du nicht. Du bist nicht attraktiv genug. Das kannst du nicht...« Nur ganz wenige Kinder werden in ihren jungen, entscheidenden Jahren beglaubigt, die meisten werden statt dessen überwiegend bezweifelt.

Nun kannst du für den Rest deines Lebens deine Eltern für deine Mißerfolge verantwortlich machen, doch dadurch löst sich der »negative Bann«, der über dir liegt, nicht auf. Im Gegenteil. Je mehr du deine Eltern anklagst, desto mehr bestätigst du gerade ihre Aussagen über dich. Um dich aus der Negativität zu befreien, ist es richtiger, deine Eltern loszulassen, in Frieden zu entlassen. Sie haben dir all diese negativen Behauptungen um die Ohren gehauen, weil sie *ihre eigene* Negativität auf dich geworfen haben, weil sie nicht wußten, was sie taten und damit anrichteten. Keinesfalls sind ihre Urteile über dich wahr, die düsteren Prophezeiungen über deine Zukunft erfüllen sich nur insoweit, als du ihnen erlaubst, sich zu erfüllen.

Alles hat nur die Macht, die ich ihm verleihe. Jede negative Äußerung eines anderen über mich hat also nur die Macht, die ich ihr verleihe. Oder, wie Dr. Joseph Murphy es ausdrückt: *»Ihr Unterbewußtsein akzeptiert von zwei Ideen jeweils die dominierende.«* Eine wirklich selbstbewußte Frau wird deshalb nur lachen, wenn man sie eine »Emanze« schimpft, oder ein erfolgsgewohnter Geschäftsmann mit unerschütterlichem Vertrauen in sich selbst amüsiert sich nur, wenn man ihn einen Versager nennt.

Stell dir vor, negative Affirmationen werden in einer fremden Sprache gesprochen. Sie erreichen dich einfach nicht, die Botschaft kommt bei dir nicht an. Was nicht zutrifft, trifft nicht, was nicht trifft, trifft nicht zu. Ein Sprichwort sagt: »Nur wem der Schuh paßt, der zieht ihn sich an.«

Sei jemand, der auf negative Schwingungen nicht reagiert, sei kein Resonanzkörper für Negativität. Wenn dich jemand dumm anredet, dann schau um dich und frag: »Mit wem hast du gesprochen? Ich sehe niemanden. Führst du Selbstgespräche?«

Andererseits kannst du an der Art, mit der du auf negative Urteile anderer reagierst, sehr gut deine schwachen Punkte erkennen. Gehst du an die Decke, wenn jemand dir vorwirft, daß du geizig bist? Dann glaubst du im Grunde, daß du geizig *bist.* Wirst du sauer, wenn dir jemand sagt, daß du nicht ganz richtig im Kopf bist? Dann hast du im geheimen genau diese Befürchtung...

Wie kannst du nun erreichen, daß der andere aufhört, seine negativen Gefühle über dich zu ergießen? Indem du ihm mit Freundlichkeit begegnest, indem du liebevoll auf ihn zugehst, bist du ungeeignet als Mülldeponie. Jeder Mensch, auch wenn er boshaft ist, möchte im Grunde Freunde haben. Ein aggressiver Mensch wird sofort besänftigt, wenn man ihm mit *echter* Freundlichkeit begegnet. Manchmal kann man erleben, wie ein älterer Mensch einen Jugendlichen wegen irgendeiner Kleinigkeit anschnauzt. Schnauzt der Jugendliche zurück, ist bald der schönste Streit im Gang. Antwortet er aber nett und sanftmütig, grummelt der »Böse« nur noch kurz vor sich hin und lächelt dann oder entschuldigt sich gar.

Wenn deine Freundlichkeit echt ist, löst sie jede Aggression auf, denn die Liebe löst alles auf, was ihr nicht gemäß ist. Falls das nicht geschieht, war deine Freundlichkeit vielleicht nur ein Trick, war nicht ernst gemeint und somit natürlich auch ziemlich wertlos. Eben nur ein Trick.

Unterwirf dich nicht gedankenlos dem sogenannten Massenbewußtsein. Die Masse ist fast immer destruktiv und von der lüsternen Erwartung des Schlimmsten geprägt. Diese Mentalität verbreitet Angst, Haß und Krankheit. Befreie dich von diesem Sog nach unten, denn eine Meinung wird nicht dadurch richtiger, daß eine Milliarde Menschen sie vertritt. Werde ein originaler Denker, wiederhole nicht die Vorurteile. Denke Gedanken der Liebe und der Freude, des guten Willens und der Friedfertigkeit, auch wenn die Mehrheit noch pessimistisch denkt. Solange du dich nicht aus der negativen Aura der Mehrheit löst, wirst du auch das Schicksal dieser Mehrheit erleiden: Krankheit, Unglück, Einsamkeit, Armut, Wut, und ein vorzeitiges Ende deiner irdischen Existenz.

Sobald du dich aber aus der negativen Aura der Mehrheit löst, wirst du nicht mehr das Schicksal der Masse erleiden, du wirst frei sein und *deinen* Weg gehen!

Du bist der einzige Denker, der einzige Schöpfer in deinem Universum. Gib diesem Universum die Gestalt und die Inhalte, die du ersehnst. Du hast die Macht dazu, nur du allein. Aber: Du hast *nur* die Macht, der du dir bewußt bist *und die du ergreifst.*

Affirmationen: Positives ist nur eine Frage der Perspektive, von der aus ich einen Sachverhalt betrachte. Ich entscheide mich jetzt ein für allemal, nach dem »Pro« in jeder Situation zu suchen. Ich weiß, Gott nannte die Schöpfung gut und sehr gut, und ich schließe mich den Worten meines Vorredners an! Ich messe ihr keine anderen Werte zu, als der Schöpfer selbst es tat. Ich weiß, das Außen ist zu mir zurückkehrendes Innen. Mein Erleben der Persönlichkeit anderer ist nur die Spiegelung meiner eigenen gegenwärtigen oder vergangenen Wesensmerkmale. Ich lächle in den Spiegel vor mir, und er gibt es mir zurück. Mit einem Lächeln sind wir uns nahe. Lächeln verändert meine Gefühle zum Besten. So wie ich in einem Spiegelirrgarten lachend Verzerrungen meines Äußeren betrachte, so lächle ich auch jetzt meine Vergangenheit an.

Wie du anderen helfen kannst

Fast jeder hat schon mal erlebt, wie der Ehepartner, ein Verwandter, ein Freund in einer verzweifelten Situation war. Du hast dich ohnmächtig gefühlt und nichts so sehr ersehnt, als alle Macht der Welt zu haben, um diesem Menschen helfen zu können. Dieses Gefühl der Ohnmacht ist realistisch, ja man kann es sogar noch härter sagen: Es ist anmaßend, zu glauben, man könnte das Leid eines anderen auflösen.

Die einzige Möglichkeit, einem anderen zu helfen, besteht darin, ihn zu lehren, wie er sich selber helfen kann. Wer leidet, ist im wahrsten Sinne des Wortes leidenschaftlich, ist in seiner Mentalität auf das ausgerichtet, was leiden läßt. »Es ist gut, wenn du einem Hungernden einen Fisch gibst, aber besser ist es, wenn du ihn das Fischen lehrst.« Du hilfst anderen, indem du sie mit den geistigen Gesetzen vertraut machst. Sag etwa folgendes: »Du kannst begreifen, daß du selber der Verursacher deiner schwierigen Situation bist. Hör auf, die Umwelt, deine Mitmenschen dafür verantwortlich zu machen und dich als Opfer zu fühlen. Sicher hat die Umwelt einen Anteil an deinen Problemen. Sie ist aber vielmehr wie ein Spiegel, der reflektiert, was von dir ausgegangen ist. Das, was du in diesem Spiegel siehst, ist nur etwas, was zu dir zurückkommt. Was du im Spiegel siehst, bist du, ist von dir Ausgegangenes, zu dir Zurückkehrendes! Also ist nicht der Spiegel der Urheber der Probleme, sondern du selbst bist es, der sich erkennt. Du hast dir diesen Schicksalsschlag gemacht beziehungsweise ausgesucht, um aus Leiden Erkenntnis zu gewinnen. Wenn du die Botschaft verstanden hast, die in einem Geschehen auf dich wartet, so wirst du frei sein. Wenn du aber noch nicht bereit bist, ohne Leiden zu lernen, so mußt du auch durch diese Erfahrung und vielleicht viele andere hindurchgehen. Versuch es einmal philosophisch zu sehen:

»Die Ursache allen Leidens ist das Werden.«

Vielleicht reagiert dein verzweifelter Verwandter oder Freund empört und beleidigt auf deine Erklärungen. Er hat Mitleid, also Mit-Leiden erwartet. Doch gib ihm nicht, was er will, denn es wird ihm nichts nutzen. Das wäre eine falsch verstandene Solidarität. Wenn jemand im Sumpf versinkt, rettest du ihn nicht dadurch, daß du in den Sumpf steigst und mit ihm zusammen untergehst, sondern du mußt festen Boden unter den Füßen behalten, um ihn herausziehen zu können. Norman Vincent Peale berichtet in einem seiner Bücher von einem Mann, der anderen in den verfahrensten Situationen immer wieder Mut machte. Sein Motto war: »Ich habe noch nie ein Problem gesehen, das nicht irgendwo einen schwachen Punkt gehabt hätte!« Ermutige den, dem du helfen willst, den »schwachen Punkt« seines Problems zu sehen, das heißt, den Ansatz, der positiv ist, der die Möglichkeit der befreienden Erkenntnis in sich birgt.

Auf eine besonders harte Probe wird ein »Helfer« gestellt, wenn ein Mensch Selbstmordabsichten äußert. Hier mußt du zuerst überlegen: Reichen meine Fähigkeiten aus, um die unmittelbare Gefahr abzuwenden? Wenn nicht, wende dich an andere – zum Beispiel einen Therapeuten –, die Erfahrung mit dieser Situation haben. Lerne bei wiederholten Selbstmorddrohungen zu unterscheiden, ob dich der andere nur manipulieren und erpressen will. Wenn du erpreßt wirst, sag ihm, daß er damit aufhören kann, weil du dich nicht erpressen läßt. Wenn er sich wirklich umbringen will, wird er es ohnehin tun, denn du kannst nicht vierundzwanzig Stunden auf ihn aufpassen. Die Reaktion auf deine scheinbare Härte wird zunächst vielleicht große Wut sein, denn du hast dem anderen seine beste Waffe aus der Hand genommen – aber dann wird die Wahrscheinlichkeit, daß er sich tatsächlich umbringt, um vieles kleiner sein!

Bring den anderen dazu, daß er dir etwas für deine Hilfe zurückgibt, denn wenn du ewig die Rolle des Helfers und er die Rolle des Bedürftigen spielt, werdet ihr euch bald nicht mehr mögen. Du wirst ausgelaugt und aggressiv und der andere wird dir, auch wenn er das Gegenteil beteuert, keineswegs dankbar sein. Ein Bettler haßt die Hand, die ihm gibt, weil sie ihm sein Bettlersein immer wieder vor Augen führt.

Die Hilfe zur Selbsthilfe – auch in den Entwicklungsländern jetzt als die wahre Hilfe entdeckt – erkennt an, daß jeder Mensch für sich selbst verantwortlich ist. Und das ist auch die einzige Art, ihm seine Würde zu lassen.

Wenn du positive Gedanken zu jemandem schickst, dann tust du sicherlich etwas Gutes – in erster Linie aber für dich selbst. Es sind positive Gedanken, die *in dir* sind, also dich erfüllen und somit in dir ihre »Werke« tun. Dann verläßt dich ein Teil dieser Gedanken, um zum anderen zu gehen. Die positive Energie wird dadurch nicht weniger – was vom anderen angenommen wird, das kannst du nicht beeinflussen, das ist die Entscheidung eines jeden einzelnen. Aber es kehrt zu dir zurück, was nicht ankommt. Deshalb ist immer das Beste, was du machen kannst, für andere beten, denn nichts geht verloren unter Gottes großem Himmelszelt.

Lehre deinen Nächsten zu fischen, auf daß er immer satt werde. Lehre den anderen, positiv zu denken, es wird für euch beide Erlösung sein.

Affirmationen: Ich bin Bewußtsein. Meine Intuition läßt mich den Schlüssel finden zum geheimen Ort des Allerhöchsten. Hier erhalte ich Rat und Weisheit, meinem Mitmenschen so zu helfen, wie es für ihn am besten ist. Ich finde die Worte, die mein Gegenüber erreichen, sein Herz berühren und ihm helfen, sich selbst in Liebe zu erlösen. Ich will zu ihm in einfachen Worten von Gottes Weisheit, seiner Liebe und Güte sprechen. Ich versuche ihm zu vermitteln, auch in dem momentanen Geschehen die Gerechtigkeit und die Klugheit des Schöpfers zu erkennen! »Alles, was mir geschieht, ist optimal und auch individuell auf mich abgestimmt. Wie ich das Ereignis interpretiere, so ist es auch für mich.« Ich weiß, Gott liebt mich, und alles, was mir widerfährt, ist dazu da, mir als Wegweiser zu ihm zu dienen.

Vor Prüfungen

Prüfungen werden von vielen Menschen als extremer Streß empfunden. Nächtelang träumen sie vorher davon, daß sie die Prüfung nicht bestehen, daß sich alle über sie lustig machen und man sie in Schande davonjagt. Prüfungsangst hat nahezu nichts damit zu tun, wie gut man fachlich auf die Prüfung vorbereitet ist. Manchmal gehen schlecht vorbereitete Kandidaten ganz locker und unbelastet in die Prüfung und erzielen gute Ergebnisse, und sehr oft bestehen sehr gut Vorbereitete eine Prüfung nicht, weil sie innerlich blockiert sind und plötzlich scheinbar nichts mehr von dem wissen, was sie gelernt haben.

Prüfungen sind für uns oftmals eine große Belastung, *weil wir uns als Kind ständig Prüfungen ausgesetzt fühlten.* Kennst du das: »Jetzt mach das mal, ich komme dann gleich und gucke mir an, ob du es richtig gemacht hast.« Und fast immer nörgeln die Erwachsenen dann an dem Ergebnis herum. Aus der Kritiksucht der Erwachsenen entwickelt das Kind die Angst, etwas falsch zu machen. In dem Maße, wie wir alle als Kind geängstigt und unser

Vertrauen in eigene Fähigkeiten unterhöhlt wurden, haben wir später als Erwachsene Angst vor Prüfungen und vielem anderen mehr.

Es nützt nichts, Tag und Nacht bis zur Erschöpfung zu lernen, denn deine Angst wird in der Prüfungssituation ja gerade dieses Wissen blockieren. Bereite dich so vor, daß du ein gutes Gewissen hast, mindestens ebenso wichtig aber sind *»vertrauensbildende Maßnahmen«*: Wenn du dir deines Könnens, deiner Fähigkeiten bewußt bist, dann verschwindet deine Angst, und du kannst leicht und mühelos die Informationen wieder abrufen, die du vorher gespeichert hast.

Wenn eine Prüfung bevorsteht, und du weißt dir in deiner Panik absolut nicht mehr zu helfen, komm zu uns, laß dir helfen. Wir haben große Erfolge gerade mit der »Krankheit Prüfungsangst«. In weniger schlimmen Fällen kannst du dir selbst durch Autosuggestion helfen.

Verbanne ab sofort alle selbstquälerischen Phantasien, in denen du stumm vor den Prüfern sitzt. *Ein Entspannungstraining wäre für dich außerordentlich wichtig*. Die halbe Stunde täglich, die du in Entspannung zubringst, ist oft nützlicher als acht Stunden büffeln. Mach dir auch die Erste-Hilfe-Atmung zunutze: Wenn du auf dem Gang vor dem Prüfungsraum stehst, atme ein paarmal ganz tief und bewußt durch.

Imaginiere schon Wochen vor der tatsächlichen Prüfung deine Prüfungssituation, und natürlich dein ersehntes Prüfungsergebnis. *Stell dir das Ergebnis, das du dir wünschst, immer wieder vor.* Sieh dich vor den Prüfern sitzen und jede Frage locker beantworten... dann erfährst du das Prüfungsergebnis und springst vor Freude in die Luft. Es ist noch viel besser, als du erhofft hattest. Feiere in Gedanken das Fest zur bestandenen Prüfung mit deinen Freunden, laß jeden einzelnen dich beglückwünschen und freue dich, was das Zeug hält!

Eine gute Methode ist es auch, Angst in Lust zu verwandeln. Das hört sich merkwürdig an, aber es funktioniert, weil in

Angst oder Leid tatsächlich oft verborgene Lust ist. Male dir also aus, daß die Prüfung eine ganz große Lust für dich ist. *Du* bist der Mittelpunkt, alle müssen sich auf dich einstellen, du hast nun endlich Gelegenheit zu beweisen, was du alles kannst. Hier und jetzt wird offenbar, daß du ein großer Erfolg bist. Sage dir: *Ich bin ein außerordentlicher Erfolg!* Du genießt die Blicke der anderen, du genießt es, dein enormes Wissen vor anderen ausbreiten zu können. Ja, komm dir als etwas sehr Besonderes vor, denn das bist du ja auch. Gott hat sich etwas gedacht, als er dich gemacht hat, du bist eine Handarbeit des Schöpfers und so gewollt wie du bist! Wiederhole viele hundert Mal *»Ich bin ein außerordentlicher Erfolg«*. Durch eine Prüfung erlangst du ja auch einen Status, den du vorher nicht hattest. Mal dir also auch aus, was du tust, wenn du den Führerschein, den Doktortitel, die Lizenz, den Fachschulabschluß, deine Steuerberaterprüfung oder was auch immer hast. Sieh dich das tun, wozu du nach deiner bestandenen Prüfung berechtigt bist. Und sei jetzt einmal so richtig von Herzen stolz auf dich. Und noch einmal: *Sei jetzt so richtig von Herzen stolz auf dich!*

Affirmationen: Endlich kann ich zeigen, daß ich ein außerordentlicher Erfolg bin. Mein Vertrauen ist grenzenlos. Ich lerne gern und kommuniziere gern über alles Erfahrene. Ich entspreche einem vollkommenen Prinzip, es ist perfekt. Es ist wunderbar, daß ich den Reichtum in meinem Inneren zeigen kann. Alle Bausteine meines Seins heißen Vollkommenheit. Ich danke Gott von Herzen, daß er mich nach seinem Ebenbild geschaffen hat. »O Herr, du hast mir deine Liebe geschenkt, indem du die Welt mit deinen Gaben fülltest. Sie werden über mich ausgegossen, und ich erkenne sie, mein Herz ist erwacht, und meine Tage sind hell.« Die Gaben der Schöpfung heißen Weisheit, Liebe, Glück, Wissen. Ich bin ein göttlicher Kanal, in dem alles Empfangene erhalten bleibt. Ich bin vollkommen, wie auch Gott im Himmel vollkommen ist.

Wenn du einen neuen Beruf willst

Du hast das Schicksal, das du *akzeptierst*! Nimmst du es nicht an, dann ändere, was zu ändern ist. Unser Beruf ist kein lästiges Übel, und keinesfalls ein notwendiges Mittel, um Geld zu verdienen. Im Beruf sollen wir uns selbst verwirklichen, unsere Talente zum Ausdruck bringen. Wenn dein Beruf deiner Berufung entspricht, dann bist du eine Offenbarung des göttlichen Prinzips, das in dieser Form nur durch dich in Erscheinung treten kann. Sage dir: Wenn mein Beruf mich zu langweilen beginnt, so ist das ein Signal dafür, daß ich etwas ändern muß und daß er nicht meiner Berufung entspricht. Ich habe gelernt, was ich lernen mußte, und jedes weitere Verharren bei dieser Tätigkeit erzeugt Frustration, Aggression und daraus entstehende Depression. Hör auf, *gegen* das zu sein, was du nicht mehr tun möchtest. Denn damit bleibst du weiterhin an deine ungeliebte Arbeit gebunden und es ist kein Raum in dir für etwas Neues. Fang an zu imaginieren, zu visualisieren, stell dir vor, was du statt dessen möchtest. Wo deine Gedanken weilen, da ist deine Zukunft!

Wenn du als junger Erwachsener einen bestimmten Beruf ergriffen hast, so bedeutet das noch lange nicht, daß du diesen Beruf bis zu deiner Pensionierung ausüben mußt. *Arbeite, um zu lernen, und wenn du ausgelernt hast, tue etwas anderes, um weiterzulernen.* Viele Erfolgsmenschen haben im Laufe ihres Berufslebens das Gleis gewechselt, so manche haben erst im hohen Alter den Gipfel ihrer Karriere erlebt. Es ist nie zu spät, umzulernen, selbst wenn du über 70 bist! Wir lernen immer und das bis zu unserem letzten Atemzug.

Viele Menschen, die mit ihrem Beruf unzufrieden sind, wagen einfach nicht den Absprung. Sie sind in einem Scheinsicherheitsdenken gefangen: »Wenn ich bleibe, wo ich bin, kann nichts geschehen. Wenn ich aber mein zwar enges und unbequemes, doch warmes Nest verlasse, passieren mir vielleicht ganz schreckliche Dinge.« Die Wahrheit aber ist: Die schrecklichen Dinge passieren dir gerade dann, wenn du bleibst, nicht wenn du gehst. Aggressiv, aversiv und erstarrt bleibst du hocken, dabei wäre es so leicht, die Flügel auszubreiten und sich in den blauen Himmel der unendlichen Möglichkeiten zu schwingen! Wer sich *nicht* in Gefahr begibt, kommt darin um, singt der Liedermacher Wolf Biermann. Doch wenn du daran *glaubst*, daß du es schaffst, kannst du es auch schaffen. Das, was der Mensch denkt, das ist er. Wenn du denkst, fühlst und glaubst, daß du erfolgreich bist, dann *bist* du erfolgreich. **Dein Glaube schafft Tatsachen.**

Vielleicht hast du ein Gefühl der Unzufriedenheit mit deiner Tätigkeit, weißt aber nicht, was du besseres tun könntest. Versuche nicht, mit harter Gedankenarbeit das Problem zu lösen, und höre auch nicht zu sehr auf den Rat anderer. Die anderen haben ihre eigenen Gründe, warum sie dich gerne in diesem oder jenem Beruf sehen würden, aber das heißt noch lange nicht, daß dies auch wirklich das richtige für dich ist. Du bist nicht auf der Welt, um so zu sein, wie andere dich haben wollen! Wenn du ratlos bist, in welche Richtung du gehen sollst, laß deine Intuition sprechen. Die beste Methode ist es, sich zuerst durch körperliche Bewegung abzureagieren und dann ganz entspannt in Meditation zu gehen. In meditativer Kontemplation entwickelt sich die Fähigkeit zur Intuition, und sie ist Vermittler von Wundern. Sie ist Kommunikationsmittel zwischen Schöpfer und Geschöpf. Sag dir: *Ich glaube an Wunder, weil ich Realist bin.* Laß aus dir emporsteigen, was du tief im Inneren schon lange weißt. Ja, dein Unterbewußtsein hat schon die Antwort, bevor du noch die Frage gestellt hast. Sie muß nur noch in dein *Bewußtsein* Einlaß finden. Achte auf deine Träume, sie geben wertvolle Hinweise. Wer sagt, er könne sich an seine Träume nicht erinnern, sagt damit, daß er keinen Kontakt zu seinem Inneren hat, bzw. nicht haben will. Wenn du dich an deine Träume erinnern *willst*, dann wirst du es auch können. Vertraue dir selbst, und du wirst eine wundervolle und perfekte Lösung finden. Und dann wirst du sagen: Natürlich, das ist es! Warum bin ich darauf nicht schon eher gekommen! Deine Berufung, also das, wozu du be-rufen wurdest, sollte dein Weg sein. Tue nicht irgend etwas, um damit dein Geld zu verdienen, sondern tue das, **was dir gemäß ist, weswegen du da bist**.

Affirmationen: Ich befinde mich in jenem besonnten Raum, in dem alles auf ewig bekannt ist. Hier finde ich auf meine Frage, wo die ideale Position für mich ist, die Antwort. Sie war schon existent, bevor ich diese Frage zum erstenmal aufwarf. Schon lange wartet der ideale Beruf, meine Berufung auf mich. Jetzt bin ich in Erwartung des Besten offen und bereit, zur rechten Zeit am rechten Ort zu sein. Das Gute ist auf dem Wege zu mir. Ich bin begabt und ziehe entsprechende Aufgaben an. Ich gebe von nun an der Welt mein Bestes und sie wird mir ihr Bestes geben! In froher Erwartung des Guten danke ich für die erwiesene Gnade. Meine beste Zeit ist jetzt. Das Leben findet heute statt.

Schlechtes Betriebsklima

Hier eine kleine Geschichte von einer jungen Frau (du?), die in einem Büro arbeitete.

Sie beklagte sich über die niederdrückende Atmosphäre an ihrem Arbeitsplatz. Sie sei an sich mit ihren Arbeitsbedingungen zufrieden, aber die Kolleginnen würden das Büro mit Klatsch und privaten Problemen, kurz, mit einer Flut von negativen Gedanken überschwemmen. Ich empfahl ihr, die Namen ihrer Mitarbeiterinnen aufzuschreiben und jeden Abend für sie zu beten. Im Laufe der folgenden Wochen änderte sich die Situation im Schreibbüro vollständig: mehrere Mädchen kündigten und wechselten in Stellungen über, die ihnen mehr zusagten. Einige bekamen Arbeit in anderen Abteilungen, andere heirateten. Die junge Frau, die ich beraten hatte, wurde Leiterin des Schreibbüros und es herrscht nun eine harmonische Atmosphäre.

Das Betriebsklima ist ein Ganzes, das von jedem einzelnen mitgeschaffen wird. Wenn viele Mitarbeiter in deiner Abteilung sind, so hast du nicht etwa nur einen Bruchteil an Einfluß darauf, wie das Betriebsklima ist. Wenn offensichtlich vorwiegend schlechte Stimmung herrscht, so kannst du das bewußt ändern. Du kannst zum Katalysator werden, der den Prozeß der Umkehr ins Positive auslöst. Im Grunde wollen doch alle Angestellten das gleiche: in Ruhe und Harmonie ihre Arbeit tun, ein paar nette Worte mit den Kollegen wechseln und abends zufrieden nach Hause gehen. Kein Mensch will tatsächlich dauernd Krach, schlechte Laune, gespanntes Schweigen am Arbeitsplatz. Nur irgendwann hat einmal jemand den negativen Katalysator gespielt, und dann hat sich das Muster der Negativität eingeschliffen. Die Kehrtwendung kann von jedem einzelnen ausgehen, das muß nicht unbedingt der Chef sein. Wir wissen zum Beispiel alle, welche Macht eine unfreundliche oder aber eine nette Sekretärin haben kann.

Wenn an deinem Arbeitsplatz ein schlechtes Betriebsklima herrscht, mache dich zum Kristallisationspunkt für die guten Kräfte. Wenn zwei sich streiten, dann freue dich nicht, schüre nicht noch die Aggressionen, sondern versuche zu schlichten. Frage dein übelgelauntes Gegenüber, ob du ihm/ihr eine Tasse Kaffee mitkochen kannst. Bring mal eine große Tüte Erdbeeren für alle mit. Quetsche im Aufzug nicht mit niedergeschlagenen Augen ein »Mahlzeit!« zwischen den Zähnen hervor, sondern frag den Kollegen von der anderen Abteilung, wie es seinen Kindern geht. Schirme dich nicht von den Kollegen ab nach dem Motto: Wie's drinnen ausschaut, geht niemanden etwas an. Zeig deine freundlichen Gefühle für andere, sei offen. Jeder hört gern, wenn du ihm nach dem Urlaub sagst: Schön, daß du wieder da bist. Jeder freut sich, wenn du ihn wissen läßt, daß er dieses oder jenes hervorragend gemacht hat. Gibt es Konflikte zwischen dir und einem Kollegen, *so trage sie aus*. Halte nicht verbissen den Mund und schimpfe später wütend bei anderen über ihn. Schaufele auch nicht mit bösen Worten einen Graben, über den später niemand mehr springen kann. Übe dich in der Kunst, Kompromisse zu finden. Das Wort Kompromiß wird bei uns gerne mit dem Wörtchen »faul« verbunden, und das klingt nach Niederlage. Nein, mach einen Sieg daraus, aber laß es einen *Sieg für beide sein*. Es braucht bei einem Konflikt nicht immer einen Sieger und einen Verlierer zu geben. Versuche eine Lösung zu finden, die euch beiden das Gefühl gibt, ein Stück weitergekommen zu sein.

Natürlich darfst du keine falsche Freundlichkeit zur Schau stellen. Diese Haltung wird von den meisten Menschen mehr übelgenommen als »ehrliche« Muffigkeit. Glaube ja nicht, niemand würde deine Taktik durchschauen, fast jeder hat ein feines Gespür für falsche Töne.

Falls du diese positive Kraft für einen produktiven Teamgeist (noch) nicht sein kannst, kündige deine Stellung. Du wirst eine neue, bessere finden, denn für jeden gibt es den richtigen Platz, an dem du gedeihen kannst, der dich fordert, aber nicht überfordert. Du wirst immer von dem Ort angezogen, der deinen Schwingungen, deiner Wellenlänge entspricht. Nicht, weil du bestimmte berufliche Qualifikationen hast, sondern weil du ein Mensch bist und das Gesetz der Resonanz allgegenwärtig ist.

Affirmationen: Ich bin ein Magnet für alles Gute. Um mich sammeln sich positive Menschen, weil ich sie anziehe. Gleiches zieht Gleiches an. Alles entspricht seiner Art. Ich bin ein Magnet für Glück, Zufriedenheit, Konstruktivität, fortschrittliches Denken, Lebensfreude und für ein gutes Betriebsklima. Was ich klar vor meinem inneren Auge sehe, wird alsbald wahr. Ich höre harmonische Klänge, freundliche Worte. Meine Arbeit für ein harmonisches Miteinander ist sichtbar gewordene Liebe. Ich liebe meine Mitmenschen, sie sind genau wie ich, fühlende Wesen, auf dem Wege zum Licht.

Die Zeit der Pensionierung ist die Zeit der geistigen Hochblüte für jeden Menschen. Er steht am Gipfel seiner Entwicklung und hat endlich für all die Dinge Zeit, von denen er früher durch seine Arbeit abgelenkt wurde. *Jetzt bist du frei und kannst deine Persönlichkeit vollkommen zur Entfaltung bringen.* Sei dir bewußt, daß dein wichtigster Lebensabschnitt beginnt. Jetzt kannst du endlich all die Dinge tun, die du jahrzehntelang aufgeschoben hast.

Du *solltest* sie jetzt tatsächlich auch tun, weil sonst die Zeit knapp werden könnte. Wenn du bisher gestreßt, unter Zeitdruck und zu einseitig belastet warst, so ist es jetzt höchste Zeit, den Ausgleich, die Harmonie zu finden. Damit ist nicht nur gemeint, daß du ein paar Hobbys pflegen sollst. Geh einmal in Gedanken dein ganzes bisheriges Leben zurück. Wo hast du etwas angefangen und es aus irgendwelchen Gründen wieder abgebrochen? Wo hast du aus Pflichtgefühl, weil andere Dinge dringlicher erschienen, etwas zurückgestellt? Wann hast du dich den Bedürfnissen deiner Kinder, deines Partners zu sehr angepaßt und verzichtet? Welche Sehnsüchte hattest du mit 15, mit 20, mit 30? Oft hat man im Alter in Fülle, was man sich in der Jugend ersehnte. Du hast davon geträumt, Reisen zu machen, hattest aber nicht das Geld und die Zeit dazu. Jetzt hast du (hoffentlich) beides. Vielleicht wolltest du deine musikalischen Fähigkeiten weiter ausbilden, aber du mußtest einen »anständigen« Beruf erlernen. Du wolltest gern die großen russischen Romane lesen, aber immer gab es Wichtigeres zu tun.

Man kann sagen, in der ersten Hälfte deines Lebens verkörperst du deinen Geist, und in der zweiten vergeistigst du deinen Körper. Es gibt viele Menschen, die erst im Alter den Höhepunkt ihrer Schaffenskraft erreicht haben und gesundheitlich völlig auf der Höhe waren. Konrad Adenauer und Joseph Murphy sind Beispiele dafür, dir fallen sicher noch andere ein. Wenn du täglich vor dem Spiegel stehst und gramgebeugt deine Falten zählst, bei den Nachbarn über die stetige Verschlechterung deiner Gesundheit jammerst, leidet natürlich deine Lebenskraft darunter, und du baust dann auch tatsächlich ab.

Sieh die Freuden der Pensionierung nicht nur darin, daß du ab jetzt ausschlafen und den Rest des Tages auf dem Sofa liegen kannst. Das macht nur ein paar Wochen Spaß, aber dann wird es langweilig.

Der menschliche Körper will gefordert werden, um leistungsfähig zu bleiben. Zuviel Schonung schadet nur. Das bedeutet natürlich wiederum nicht, daß du am Tag nach der Pensionierung mit einem Marathonwaldlauf loslegen mußt, aber du wärst dazu in der Lage, oder? Wenn du Gewohnheiten ändern willst, so stelle deinen Körper behutsam um, mute ihm nicht zuviel, aber auf keinen Fall zuwenig zu.

Laß dir auch nicht einreden, daß man im Alter nichts mehr dazulernen kann. Natürlich wirst du keine Weltkarriere mehr als Wagner-Tenor machen, und wahrscheinlich wird dein Enkel eine Sprache schneller lernen als du. Aber wer sagt denn, daß jetzt alles schnell gehen oder zur absoluten Perfektion gebracht werden muß? Gerade im Arbeitsleben mußtest du dich oft genug dem Rhythmus anderer oder dem Takt von Maschinen anpassen, deshalb: *Laß es jetzt die Zeit sein, deinen eigenen Rhythmus zu finden.*

Beginne nicht einen Tag vor deiner Pensionierung darüber nachzudenken, was du ab morgen tun willst. Man tritt auch keine große Reise an, ohne sich vorher einen Reiseführer zu kaufen und über die Route, die man zurücklegen will, nachzudenken. Plane deine Aktivitäten bereits ein paar Jahre vor der Pensionierung. Ist nicht Vorfreude manchmal die schönste Freude? Viele Menschen haben kein Programm mehr für diesen Lebensabschnitt und fühlen sich deshalb oftmals überflüssig und nutzlos. Du hast noch viele Jahre vor dir, die du so gestalten kannst, *wie du es willst.* Niemand kann dir mehr hineinreden. Nutze diese Zeit zur Vollendung deiner Persönlichkeit, denn es ist deine Zeit, es ist deine »Hoch«-Zeit.

Affirmationen: Gott schuf die Zeit. Ich habe Zeit. Für mich. Meine Selbstverwirklichung. Es ist wundervoll. Die goldenen Jahre meines Lebens liegen vor mir. Alles, was ich bisher nur bedingt leben konnte, entwickle ich nun zur Reife. Ich vollende jetzt alles Begonnene. Tiefe Freude erfüllt mich und mein ganzes Sein. Einst träumte ich von einer anderen, besseren Welt. Jetzt habe ich Zeit, mir eine neue Welt zu gestalten. Ein neuer Himmel ist immer auch eine neue Erde. Der Herr segnet das Erreichte und fördert das Begonnene. Er gibt mir Kraft. Ich weiß: Je mehr in die Zukunft verschoben wird, desto mehr fehlt es im Jetzt. Deshalb: Ich lebe im Hier und Jetzt bis an meiner Tage Ende. Danke Vater, daß es so ist.

Arbeitslosigkeit

Ein Schüler beklagte sich bei Yogananda darüber, daß er keine Arbeit finden könne. Der Guru sagte ihm: »Halte nicht an diesem unheilbringenden Gedanken fest. Du bist ein Teil des Universums und erfüllst eine wesentliche Aufgabe darin. Rüttle – wenn nötig – die ganze Welt auf, um dir Arbeit zu beschaffen, und laß nicht locker, bis du Erfolg hast.«

Wenn du dieses Buch bis hierher gelesen hast, wirst du schon ahnen, daß wir dir nicht die Bequemlichkeit schenken, die Schuld für eine unangenehme Lage bei anderen zu suchen. Viel zu viele Menschen tun eine Arbeit, die sie überflüssig und langweilig finden. Unbewußt versuchen sie, sich ihr zu entziehen, meist durch mittelmäßige Leistung oder durch Krankheit, aber in tieferen Schichten kann auch eine Kündigung willkommen sein, um endlich diese ungeliebte Arbeit nicht mehr tun zu müssen. Diese Aussage wird heftige Abwehrreaktionen hervorrufen, denn es ist ganz und gar nicht angenehm, sich so etwas einzugestehen. Viel lieber sieht man sich als Opfer eines Schicksalsschlages. Es ist sehr viel einfacher, einen Schuldigen zu finden, dem ich die Verantwortung für meine mißliche Situation übertragen kann, als selbst hinzuschauen, warum ich in Not bin! Die Schutzmechanismen, die jeder normale Mensch um sich baut, sind im allgemeinen sehr massiv. Wenn du jetzt am liebsten wütend dieses Buch zuklappen möchtest, dann halte noch einen Moment lang inne und frage dich: »Ist nicht doch etwas dran? Habe ich tatsächlich keine Lust zum Arbeiten? War ich enttäuscht, nicht befördert worden zu sein? Wurde ich nicht genügend anerkannt? Will ich jemanden eins auswischen, indem ich kein Geld mehr habe?« Wenn du ganz ehrlich zu dir bist und deinen eigenen und auch entscheidenden Anteil am Zustandekommen deiner Arbeitslosigkeit siehst – *dann hast du den ersten Schritt getan, bald wieder Arbeit zu haben.*

Viele werden jetzt vielleicht einwenden: Meine Firma mußte mich wegen des konjunkturell bedingten Auftragsrückganges entlassen. So ganz ist das nicht richtig, weil du nicht zu erkennen scheinst, daß du die Firma bist. Wer denn sonst? Es sind doch nicht die Aktionäre, denen es beispielsweise an guten Ideen mangelt, neue Produkte zu entwickeln. Wer könnte sich besser überlegen, wo neue Absatzmärkte zu finden sind? Wer könnte besser als du mitüberlegen, wie es möglich ist zu rationalisieren, ohne daß du selber wegrationalisiert wirst?

Viele entwickeln zwar eine gewisse oberflächliche Willensanstrengung, wieder Arbeit zu finden, weil sie Geld brauchen oder sich vor ihren Nachbarn genieren, aber sie sind viel zu träge, um tatsächlich auch etwas Neues zu beginnen. Sie wollen keine Veränderung, weil sie Angst haben, sie trauen sich nicht zu, neu zu beginnen und da ist es dann vielleicht sogar gut, eine Kündigung zu erhalten. Du bist ein Mensch und keine Pflanze, die ihren Ort, an dem sie lebt, nicht verlassen kann. Bewußtsein hat auch mit Beweglichkeit, mit geistiger und körperlicher Mobilität zu tun. Wenn du siehst, daß die Lebensbedingungen für dich an einem Ort nicht ideal sind, dann bereite dich darauf vor, dahin zu gehen, wo die Verhältnisse für dich günstiger sind. Schau dir die Stellenanzeigen in den großen Zeitungen an. Denkst du etwa: O Gott, da müßte ich ja umziehen? Es klingt vielleicht etwas drastisch, aber laß es uns trotzdem sagen: Du mußt schon deinen Hintern vom Stuhl heben, wenn du in ein anderes Zimmer gehen willst.

Überlege einmal, ob deine Arbeitslosigkeit nicht ein selbstgewähltes Leid ist. Keine Macht der Welt verbietet dir zu arbeiten. »Halte niemals an unheilbringenden Gedanken fest. Du bist ein Teil des Universums und erfüllst eine wesentliche Aufgabe darin. *Rüttle – wenn nötig – die ganze Welt auf, um dir Arbeit zu beschaffen, und laß nicht locker, bis du Erfolg hast.«*

Vielleicht bist du nicht genügend motiviert, um die Sache richtig anzugehen. Du entwickelst keine Initiative, weil du Minderwertigkeitsgefühle hast. Du denkst: Ich bin zu alt. Wer will mich denn schon? Ich habe zu wenig gelernt. Doch das sind negative Suggestionen, die du dir selber gibst, vielleicht um nicht wieder eine neue ungeliebte Arbeit tun zu müssen. Und da deine Erfahrungen haargenau dem entsprechen, was du denkst, wird jeder Arbeitgeber sagen: Er/sie ist zu alt. Den wollen wir nicht. Der hat zu wenig gelernt und deinen unbewußten Wunsch, nicht wieder in die Bredouille zu kommen, hast du dir selber erfüllt. *Es ist nie zu spät, etwas dazuzulernen.* Auch wenn du über 40, über 50 oder über 60 bist. Wenn du arbeitslos bist, lerne jetzt zum Beispiel, indem du akzeptierst, was hier über dich steht und wahr ist: *Deine Arbeitslosigkeit ist selbstgewähltes Leid.* Der Bundespräsident Roman Herzog hat diese Zeilen gelesen und er sagte in einem Vortrag: »Die Deutschen haben ein mentales Problem.« Ich schließe mich den Worten meines Vorredners an und präzisiere sie:

»Wenn du keine Arbeit hast, dann hast **du** ein mentales Problem!«

Ein Mensch, der Selbstbewußtsein, Tatkraft, Engagement, Lernwilligkeit hat, strahlt sie auch aus, und dem gibt jeder gern Arbeit, der wird überall gebraucht. Du solltest von dir so überzeugt sein, daß du dem nächsten Taxifahrer sagst: Fahren Sie mich irgendwohin, ich werde überall gebraucht! Wenn jemand zum Vorstellungsgespräch kommt und durchblicken läßt, daß er nur kommt, weil es das Arbeitsamt so will und er eigentlich keine große Lust hat, diesen Job anzunehmen – wer will den schon einstellen? Aber auch wenn du nicht eine derart krasse Negativität ausstrahlst und durchaus willig scheinst – deine Unsicherheit, deine Angst übertragen sich auf den Arbeitgeber, und er wird dir genau das bescheren, was du befürchtet hast, nämlich keine Arbeit. *Wenn du wirklich Lust auf Arbeit hast, dann wird ein guter Arbeitsplatz deinem Werben nicht widerstehen können!*

Affirmationen: Ich bin ein vollwertiger Teil eines gewaltigen Ganzen, dessen Körper die Natur und dessen Seele Gott ist. Ich befinde mich jetzt am Ort meiner wahren Bestimmung. Ich habe die ideale Arbeit gefunden. Hier ist mein wahrer Ort, und es ist die rechte Zeit, es ist die Blütezeit meines Lebens. Die unendliche Weisheit meines Unterbewußtseins führt und lenkt mich und zeigt mir den besten Weg zur Erfüllung meiner Wünsche. Gottes Liebe ist das Licht, das meinen Pfad beleuchtet. Ich bin ein Magnet für gute Ideen und gutes Betriebsklima. Ich bin eine kreative Persönlichkeit und ich unterbreite in meinem Team konstruktive Vorschläge. Ich liebe Verantwortung. Mein Einkommen entspricht meiner Vorstellung und gestattet mir ein angenehmes Leben. Alles ist gut, denn mein Handeln ist im Interesse aller. Ich lächle, weil mein Ziel erreicht ist und weil das Lächeln ein wunderbarer Zauberer ist. Ich ruhe in mir, weil mir alle ersehnte Hilfe zuteil wurde.

Wenn du eine wichtige Entscheidung treffen mußt

Jeder steht im Leben immer wieder vor wichtigen Entscheidungen, die das ganze Leben verändern können. Soll ich heiraten? Soll ich meinen Beruf wechseln? Will ich ein Kind haben? Soll ich mich von jemandem trennen? Soll ich meinen Job kündigen? Da steht man dann wie der Esel vor den zwei Heuhaufen und weiß nicht, was man tun soll. Wie das Beispiel des Esels zeigt, der schließlich verhungert, weil er sich nicht entscheiden kann, ist es natürlich auch eine Entscheidung, keine Entscheidung zu treffen! Also versuche doch gleich, die richtige Möglichkeit zu wählen.

Mache dich zunächst einmal von der Vorstellung frei, du könntest eine falsche Entscheidung treffen. Selbst wenn sich später herausstellt, daß du den falschen Job angenommen, die falsche Person geheiratet hast: Du wirst aus dieser Wahl lernen und darum geht es doch letztlich. Dennoch ist es natürlich angenehmer, nicht über »Versuch und Irrtum« zu lernen. Das ist die Methode des Verstandes. Er prüft, wägt ab, wählt schließlich aus – und wenn der »Irrtum« da ist, fängt er mit demselben Verfahren von vorne an. Deine Entscheidungen werden, wenn du sehr intelligent bist, vielleicht jedesmal ein ganz kleines bißchen klüger ausfallen, aber Irrtümer bleiben weiterhin nicht ausgeschlossen. Warum versuchst du also nicht gleich, ins Schwarze zu treffen?

Laß zunächst alles Hin- und Herüberlegen, alles Grübeln und logische Prüfen. Leg eine *schöpferische Denkpause* ein. Dein Verstand sagt dir zwar sofort, daß, wenn nicht gedacht wird, auch nichts geschieht, aber das ist nur seine begrenzte Sicht der Dinge. Du wirst schon bald feststellen, daß genau das Gegenteil richtig ist. In der schöpferischen Pause stellst du Entscheidungen für einige Zeit zurück. Du sollst dir zuerst über die Motive deines Handels klarwerden, über gute Gründe, die tief in dir liegen und oft gar nicht einmal »logisch« sind. Stell dir in der schöpferischen Denkpause zum Beispiel die Frage: Aus welchem Grund möchte ich das eine, aus welchem Grund möchte ich das andere machen? Welchen Zweck verfolge ich damit? Ist es notwendig? Brauche ich es, macht es mir Freude? Geht es mir um mein Image, mein Prestige? Habe ich Angst davor, was die Leute denken? Was nehme ich dafür auf mich? Tue ich es nur, weil es ein anderer von mir erwartet? (Sehr wichtige Frage!) Kann ich mir, wie man so schön sagt, nach dieser Entscheidung morgens noch ins Gesicht schauen? Entspricht das, was ich tue, meiner wahren Bestimmung? Fühle in dich hinein, spüre die Antwort. Auf jede Frage erhältst du eine Antwort, auf jedes Anklopfen wird aufgetan. Das Leben antwortet dir in Form, Funktion oder Erleben.

Vielleicht ergibt sich nach dieser schöpferischen Denkpause eine Entscheidung schon von selbst. Wenn nicht, versuche nicht, sie zu erzwingen, sie aus dir herauszupressen. *Dein höheres Selbst, die Weisheit in deinem Inneren, hat die Entscheidung schon getroffen.* Du mußt nur noch darauf warten, daß sie dir zufällt, indem sie dir einfällt. Das kann tatsächlich oft durch einen »Zufall« passieren. Wenn du zum Beispiel überlegst, ob du eine Frau heiraten sollst, und du kannst dir ihre Telefonnummer nicht merken, so ist das vielleicht ein vielsagender »Zufall«. Du kannst auch ganz direkt dein Unterbewußtsein um Hilfe bitten. Der Traum, meinte Sigmund Freud, ist der »Königsweg« zum Unbewußten. Geh diesen Königsweg, wie es schon Menschen aller Zeiten und aller Kulturen getan haben. Vertraue darauf, daß dir deine Träume wichtige Hinweise für deine bevorstehende Entscheidung geben, und du wirst mit Sicherheit diese Hinweise bekommen. Du kannst auch das chinesische Orakel I Ging heranziehen, du kannst meditieren, du kannst in Trance gehen und dein höheres Selbst direkt befragen – die Methode ist nicht wichtig, es kommt nur darauf an, deinen kritischen, wachbewußten Verstand zu umgehen.

Und wenn du schließlich eine Entscheidung getroffen hast,

dann übernimm die volle Verantwortung für sie. Du kannst nichts im Leben ungeschehen machen, du kannst nur weiter nach vorne gehen. Bis zur nächsten Entscheidung.

Affirmationen: Ich habe mich entschieden zu lieben: mich, die Welt und anfallende Entscheidungen. Ich habe mich entschieden, Raum zu schaffen für Neues, für Begegnungen, Erkenntnisse, und geistigen Fortschritt. Ich danke jetzt allen Erfahrungen, die mir geholfen haben, diese Wendezeit in meinem Leben erreicht zu haben. Ich bin jetzt fähig, Entscheidungen von einem hohen spirituellen Standpunkt zu treffen, und ich weiß, sie gereichen allen zum Nutzen. Die höhere Weisheit in meinem Inneren hilft mir, die richtigen Weichen zu stellen, und ich will ihr freudig folgen. Ich habe mich überzeugt von der Richtigkeit meines Lebenslaufes. Danke, daß es so ist.

Tod

Du wirst eines Tages sterben, aber nicht tot sein. Es gibt kein Ende, nur Anfänge! Der Tod ist nichts anderes als ein Schritt in eine neue Dimension. Der Tod hat eine größere Qualität als die Geburt, denn er ist ein Übergang in eine höhere Lebensform. Wir lassen nur unsere körperliche Hülle für ein neues geistiges Leben zurück. Angst vor dem Tod ist ein Signal dafür, daß man Angst vor dem Leben hat. Diese Angst ist besonders stark, wenn man sehr körperlich, sehr materialistisch eingestellt ist. Je weiter du auf dem spirituellen Weg voranschreitest, desto klarer wirst du erkennen, daß du nicht ein Körper bist, sondern ein Geist, der einen Körper hat. Der Geist aber hat keinen Anfang und kein Ende, er unterzieht sich nur Wandlungen. Sterben ist der krönende Abschluß unseres Lebens oder, »wie die Flugbahn des Geschosses im Ziel, so endet das Leben im Tod, der mithin das Ziel des ganzen Lebens ist«.

Tod ist der Übergang in ein anderes Leben, es gibt kein »Nichts«, denn Energie kann nicht verschwinden, sie kann sich nur in eine andere Form verwandeln, sich transformieren, so wie Wasser zu Eis gefrieren oder verdampfen kann.

Oft geschieht im Augenblick des Überganges das, was wir Erleuchtung nennen, das heißt, der Sterbende *erkennt sich und sein Leben im Zusammenhang von allem mit allem.* In der Hypnose ist es möglich, den Moment des Sterbens schon jetzt zu erleben, denn wir haben in unserem inneren Wesen die Erfahrung des Sterbens schon lange in uns. *Zu sterben bedeutet, vorübergehend die Augen zu schließen und sie nach dem Bruchteil einer Sekunde wieder zu öffnen.* Nur Menschen, die sich am Leben festklammern, erleben einen schmerzhaften Tod. Du hast den Tod schon oft erlebt, freue dich auf ihn, geh bewußt in ihn hinein, er ist deine nächste Geburt. Er ist Hoffnung, er ist Verheißung und es ist schon richtig: »Wer nicht zu sterben versteht, versteht nicht zu leben.«

Wenn du einen Menschen, den du geliebt hast, durch den Tod verlierst, dann ist das sicherlich eine schmerzliche Grenzsituation in deinem Leben. Laß deinen Schmerz deine Taufe sein. Auch wenn du es nicht gerne hörst: Dein Schmerz hat viel mit Selbstmitleid zu tun, du hast Angst, du fühlst dich im Stich gelassen und weißt nicht, wie es weitergeht. Wenn du durch das unendliche Leid, durch die tiefste Verzweiflung hindurchgegangen bist, dann weißt du, daß dies vielleicht sogar die wertvollste Erfahrung in deinem Leben gewesen ist.

Du kannst lernen, daß das Leben generell aus Kommen und Gehen, aus Trennung und Abschied besteht, und daß dadurch erst eine neue Begegnung möglich ist.

Die Begegnung mit dem Tod zwingt dich wie kaum etwas anderes, über den Sinn deines Lebens, über den Sinn des Lebens überhaupt nachzudenken. *Du hast dich in diese Situation hineingestellt,* so unglaublich das klingt. Etwas tief in dir hat *eingewilligt,* der Partner des anderen in dieser sehr besonderen Situation zu sein. Wenn du diesen Gedanken zu akzeptieren beginnst, dann wirst du dich nicht länger als Opfer fühlen, das vom Schicksal gestraft worden ist. Etwas in dir war mit dieser Situation einverstanden, weil wenig so zu deiner seelischen Reife beiträgt, wie die Erfahrung des Todes.

Du lernst in deinem Trauerprozeß, daß Abschied genauso ein Teil des Lebens ist wie die Liebe und die damit einhergehende mögliche neue Verbindung. Wir alle müssen von einem Ort abreisen, um am anderen anzukommen, wir müssen etwas loslassen, um für etwas Neues frei zu sein.

Laß den Menschen, den du geliebt hast, los, er wollte weitergehen, und wir können nichts festhalten. Am Ende werden wir alle gehen, werden wir auch alles verlieren (loslassen). Trennung und Abschied richten sich nicht gegen dich, sie sind ein Teil der Evolution, ohne Sterben gäbe es keine Weiterentwicklung. *Segne den »Weitergegangenen«, und gehe du deinen Weg weiter.* Wenn du durch die Trauer in deinem Herzen hindurchgegangen bist, hat der Tod seinen Stachel verloren. Du wirst neu geboren, ja, erst wenn du den Tod erfahren hast, kannst du den Wert des Lebens erkennen. Jeder Augenblick deines Lebens wird kostbar, du wirst nie mehr gleichgültig dem Leben gegenüber sein. Du wirst wissen, daß jede neue Begegnung den Abschied schon in sich trägt, und daß gerade darin die Vollkommenheit liegt.

Vielleicht kannst du es jetzt noch nicht annehmen, aber:

»Der Tod ist ein goldener Schlüssel, der den Palast der Ewigkeit öffnet.«

Affirmationen: Leben und Tod sind nur Worte, die einen unterschiedlichen Aspekt von ein und demselben darstellen. Leben und Tod gehören zusammen, so wie Fluß und Meer eins sind. Der Tod ist der Anfang, die Schwelle zu einem anderen Ausdruck des Lebens, zu einem Neubeginn. Am Ende des körperlichen Lebens ist der Übergang zur unkörperlichen Existenz, an deren Ende sich wiederum der Übergang zum neuem Leben anschließt. Immer ist alles nur Kreislauf, ist alles nur Kommen und Gehen. Nirgends gibt es ein Ende, alles ist ewiger Wandel, der Fortschritt des Guten zum Besseren. Wenn ich hier bin, nenne ich Sterben Gehen und Geborenwerden Kommen. Auf der anderen Seite ist mein Sterben Kommen und mein Geborenwerden Gehen. Was also ist Tod, was ist Leben? Oft schon bin ich gekommen und gegangen, aber niemals bin ich gestorben. Mal stand ich hier, mal stand ich drüben. Indem ich das Leben als Ganzes erfasse, zerfließt das einzelne, wie Sterben und Geborenwerden. Ich sehe das Ganze. Ich erkenne die Gleichheit in beidem. In allem ist Geburt und Tod und es ist eins. Des Menschen Seele gleicht dem Wasser, vom Himmel kommt es, zum Himmel kehrt es zurück.

Reichtum

Wenn du jemand bist, der Reichtum ablehnt und auch schon einmal gesagt hat, daß alle soviel von Geld sprechen, und daß dies doch nicht richtig sei, dann hast du wahrscheinlich keins. In dieser Aussage spiegelt sich ein Unverständnis der Symbolik, vom Wert und der im Geld enthaltenen Arbeitskraft wider. Da sind Affirmationen in dir von Unwissenden, daß Reiche korrupt sind, über Leichen gehen; du denkst an den Bibelspruch, daß eher ein Kamel durch ein Nadelöhr geht, als daß ein Reicher in den Himmel kommt. Da gibt es so viele dümmliche Parolen und Sprüche, die Reichtum verdammen, aber alle stammen sie von verwirrten Wesen, die meinen zu wissen, was gut und was schlecht ist. Wer Minderwertigkeitsgefühle hat, wer also »nicht« glaubt, zu Wohlstand zu gelangen, der ist leicht der Meinung, daß die Trauben, weil sie hoch hängen, wohl sauer sein müssen! Reichtum an sich ist niemals etwas Negatives, nur deine Meinung macht erst Gut oder Böse daraus.

Materieller Wohlstand ist nur *ein* Aspekt von Reichtum. Wer in Harmonie, in Liebe ist, der ist reich. Er kann anderen von seinem Reichtum geben, ohne ärmer zu werden und was wir geben, erhalten wir in reichem Maße zurück.

Dein Wohlbefinden hängt nicht davon ab, wieviel Geld du besitzt. Alles, was du brauchst, um wahrhaftig reich zu sein, ist in dir. Mach dir diese Freiheit bewußt und übe sie aus! Die Freiheit des Seins ist die Freiheit zu sein, was immer du willst. Reich, glücklich, gesund und zufrieden zu sein ist in deine Hand gelegt. Du brauchst nur das in dir freizusetzen, was du sein willst. Hör auf zu suchen, alles ist da, laß dich finden.

Hänge nicht am Geld, wenn du es hast, dann gib es aus. Mach dir selbst und anderen eine Freude. Gib einen Geldschein lächelnd weiter und sag zu ihm: »Geh hin und sag deinen Freunden in Stadt und Land, sie sollen mal bei mir vorbeikommen.« Das ist weiße Magie, sie funktioniert, wenn du an sie glaubst.

Wenn du Geld ausgibst, entsteht eine Leere, und da die Natur bestrebt ist, alles Leere auszufüllen, fließt alsbald Geld nach. Je mehr du ausgibst, desto mehr fließt nach. Aber mach das mal (d)einem neunmalklugen Intellekt klar...

Die meisten Menschen glauben, daß harte Arbeit die beste Methode sei, um an Geld zu kommen. Richtig jedoch ist, je weniger verbissene Konzentration du darauf verwendest, Geld zu verdienen, desto leichter (lieber) kommt das Geld zu dir. Wenn du ein harter Arbeiter bist, der glaubt, jede Mark im Schweiße seines Angesichts verdienen zu müssen, dann hänge dir einen Zettel an die Wand, auf dem steht: *»Arbeit hält mich nur vom Geldverdienen ab.«* Wer nur arbeitet, dem fehlt das Talent zum Glücklichsein. Er erwirbt keinen inneren Reichtum.

Achte darauf, daß du dein Geld mit einer Tätigkeit verdienst, die dir Spaß macht. Sauer verdientes Geld, für das du deine inneren Überzeugungen verleugnen mußt, bringt niemals Glück, diese Zwangsarbeit treibt nur die Krankenstatistik in die Höhe. Viele Jahrzehnte lang etwas zu tun, was deinem Wesen nicht entspricht, weil »man« irgendwie Geld verdienen muß – das mündet allzuoft in schwerer Depression bis hin zu frühzeitigem Tod. Es gibt für jeden Menschen eine Möglichkeit, auf ideale Weise sein Geld zu verdienen. Wenn du Freude hast an deiner Arbeit, wirst du sie gut tun, und gute Arbeit wird immer besser bezahlt als schlechte.

Beschäftige dich nicht mit deinen eventuellen Schulden, sondern mit dem Guthaben, mit dem Kontostand, den du *willst.* Gedanken des Mangels erzeugen Mangelsituationen. Dein Geist ist immer kreativ, wenn du an rote Zahlen denkst, ziehst du rote Zahlen herbei. Was du denkst, das bist du und wirst du auch zukünftig sein.

Die meisten Menschen reagieren mit Neid, wenn sie vom Reichtum anderer hören. Aber das, was du anderen wünscht, wird dir selber zuteil, weil *du* es denkst. *Mach es dir zur Gewohnheit, anderen ihren finanziellen Erfolg von Herzen zu gönnen – und du wirst bald deinem Erfolg näher sein.* Erkenne: Geld ist etwas Gutes, bejahe es, achte es und es wird dir bald nahe sein. Meide jene, die Geld, obwohl sie es dringend brauchen, insgeheim für »schmutzig« halten. Wie soll das, was du ablehnst und mißachtest, zu dir kommen? Anstatt von dir angezogen zu werden, wird es von dir abgestoßen. Nur was wir von Herzen wollen, innerlich bejahen, das erhalten wir auch. Vergöttere Geld nicht, aber schätze es aufrichtig. Geld an sich hat keine Moral, sein Wert liegt in dem, was du mit ihm machst. Mit Geld kann man eine Atombombe bauen, aber auch Kinder vor dem Verhungern retten! Wir haben im Förderverein vom »Rat der Weisen« ein Haus für ein SOS-Kinderdorf gespendet und es ist Gebern wie Empfängern gleichermaßen zu »gute« gekommen!

Affirmationen: Um mich ist Fülle. Wohin ich sehe, ist Reichtum, Wohlstand in jeder Form. Ich bin reich, weil ich das Leben mit Liebe annehme. Ich freue mich, weil ich alles, was ich brauche, aus mir schöpfen kann. Mein innerer Reichtum macht mich zufrieden und selbstsicher. Ich bin »jener«, der da hat. Ich bin der, der ich sein will. Ich besitze alles, was ich besitzen will. Danke Vater, der du die Fülle bist, daß du bei mir bist.

Warnsignale des Körpers

Wenn zuviel seelische Spannung in dir ist, du »geladen« bist, so wird es bald zu einem körperlichen Dyston, zu einem Fehlton kommen müssen. Die Medizin spricht von vegetativer Dystonie, damit ist ein Fehlton im Gleichklang der Organe gemeint, eine Disharmonie im Körperganzen. Wenn wir längere Zeit Frustrationen und Aggressionen unterdrücken, sie also nicht »zum Ausdruck bringen«, dann werden sie sich in unserem Körper als beginnende Krankheit ausdrücken. Körperliche Beschwerden sind ein Signal, das uns warnt und das uns sagen will, daß wir im roten Bereich sind. Leider überhören die meisten Menschen diese warnende Stimme in ihrem Inneren und versuchen, sie zum Schweigen zu bringen. Was ist denn ein Beruhigungsmittel, ein Aufputschmittel, oder Alkohol, Zigaretten oder übermäßiges Essen anderes als der Versuch, etwas zu überspielen? Spannungen lösen sich jedoch nicht einfach auf, wenn man sie unterdrückt oder verdrängt. Energie, die einmal existent ist, kann gewandelt, aber nicht aufgelöst werden. Dadurch, daß psychische Spannungen nicht mehr ins Bewußtsein gelangen und somit nicht abreagiert bzw. nicht umgewandelt werden, *erhöht* sich das Spannungspotential systematisch. Eines Tages kommt es zu massiven Fehlreaktionen der Organe bis hin zum Kollaps des »Systems«. Unser Körper ist außerordentlich geduldig, er »schluckt« jahrelang vieles, doch auf Dauer kann niemand mit seiner Gesundheit Raubbau treiben.

Entschließe dich, den Warnsignalen deines Körpers Gehör zu schenken.

Es war einmal ein Mann, der ging zu einer Hexe, um sie um Rat zu fragen. Die Hexe sagte zu ihm: »Dir kann geholfen werden. Geh in der nächsten Vollmondnacht in den Wald und suche eine Eiche. Laufe zehnmal gegen den Uhrzeigersinn um diese Eiche herum, dann wird dein Problem gelöst sein. Aber du darfst auf gar keinen Fall dabei an weiße Elefanten denken!« Der Mann folgte ihrem Rat, ging in der nächsten Vollmondnacht in den Wald und lief gegen den Uhrzeigersinn zehnmal um die Eiche herum. Doch was dachte er? Zehntausend weiße Elefanten! Je krampfhafter du dich bemühst, *nicht* zu rauchen, *nicht* zu trinken oder *nicht* dick zu sein, desto mehr bleibst du an diesem Symptom haften. *Tu etwas für dich und nicht gegen dich. Alles, was du loswerden willst, mußt du loslassen.* Wenn du zum Beispiel Tag und Nacht an dein Übergewicht denkst und meinst, daß jeder Blick eines anderen nur deinen Leibesumfang mißt, klebst du an deiner Leibesfülle, und wirst deshalb nicht dünner werden. Welches Problem auch immer du hast, versuch seine Botschaft zu entschlüsseln. Und laß es wie einen Luftballon in die Höhe steigen und davontreiben. Du brauchst es nicht mehr. Oder?

Übergewicht

Dicke sind dick, weil sie (sich) sagen, daß sie dick sind. Gegen diesen Satz wirst du laut protestieren, denn angeblich möchtest du ja nichts dringlicher, als endlich schlank sein. Doch *was glaubst du?* Du gehst herum und sagst jedem, der es hören, und jedem, der es nicht hören will: »Ich bin zu dick.« Du schaust in den Spiegel und denkst: Ich bin zu dick. Du sagst: »Ich kann essen, was ich will, ich nehme nicht ab.« Gerade diesen Satz aber – leicht verändert – haben Schlanke schon für sich gepachtet. Sie sagen mit allem Ernst: »Ich kann essen, was ich will, ich nehme nicht zu.«

Du trägst das Bild deines Dickseins unerschütterlich in dir. Wie innen, so außen, wie du denkst, so bist du, nach deinem

Glauben wird dir geschehen. Du baust dir Kalorien oder Joule zu »Feinden« auf, die es zu bekämpfen gilt, du bemühst die Drüsen oder die Vererbungslehre, unbewußt aber unternimmst du alles, um nur ja deinem inneren Leidensbild zu entsprechen. Es ist sehr wohl bekannt, warum Diätkuren nichts nützen. Diäten sind immer nur so gut, solange sie dauern. Ist die Diät vorbei, fällst du wieder in dein altes Verhalten zurück – und nimmst schneller wieder zu, als du abgenommen hast.

Wenn du also schlank sein willst, mußt du das Bild deiner Schlankheit in dir haben. »Sieh« dich schlank. Wenn dir das schwerfällt, laß dir das Foto eines Pin-up-Girls bzw. eines gut gebauten Mannes vergrößern und klebe deinen Kopf drauf. Du kannst natürlich auch jemanden bitten, eine Fotomontage von dir anzufertigen, dann wirkt das Ganze noch realistischer. Meditiere vor diesem Bild. Präge dir deine neuen Körperformen genau ein, identifiziere dich damit.

Du bist dieses schlanke Wesen. Wie sagt man so schön? In jedem Dicken steckt ein Dünner, der herausgelassen werden will. Also, laß ihn heraus!

Zur Unterstützung deiner »Pin-up-Meditation« kannst du auch dein Idealgewicht visualisieren. Stell dir vor, daß diese Gewichtsangabe mit heller Leuchtschrift an eine Hauswand gemalt ist. So, als wenn es eine Leuchtreklame wäre. Laß diese Zahl tief in dein Unterbewußtsein sinken, täglich mehrere Male.

Natürlich hat es auch seine Gründe, daß du dick bist. Jedes Verhalten meint, etwas Gutes zu leisten, und so hast du auch von deinem Dicksein Vorteile. Vielleicht hast du Angst vor Sex und kannst dir jetzt »beruhigt« sagen: »Mich will ja keiner, weil ich so dick bin.« Vielleicht erkaufst du dir mit dem ständigen Reden über deinen Leibesumfang Aufmerksamkeit, oder du verwechselst, wie ein Säugling, Essen mit Liebe und greifst immer dann zu Süßigkeiten, wenn du dich ungeliebt fühlst.

Überflüssiges Fett hat auch etwas mit Unbewußtheit zu tun. Du lagerst alte, längst überholte Gedanken und Gefühle in deinen Fettpolstern ab. Werde dir an einem ruhigen Tag klar darüber, was du alles an Schmerz, Wut, Bitterkeit über Bord werfen kannst und dein Körper wird sich leichter von *seinem* Ballast trennen können.

Mach dir auch mal Gedanken über deine geistige Nahrung. Welche Negativität »frißt« du tagtäglich in dich hinein, was »schluckst« du alles unbesehen hinunter? Warum Kalorien zählen und sich doch *geistig* falsch ernähren? Gib deiner Seele Götterspeise und du wirst gesunden an Körper, Seele und Geist.

Affirmationen: Ich bin Adonis (Aphrodite), ähnlich einem Gott, edel an Gestalt, meinem Ideal entsprechend. Wie ich über mich denke, so bin ich, wie ich mich sehe, so bin ich. Wie innen so außen. Ich sehe ideale Maße. Meine Gestalt, mein Gewicht entsprechen meinem Schönheitsgefühl. Das Bild meines Ideals ist und bleibt alle Zeit in mir, ich sage danke. In meiner vollkommenen Gestalt liegt tiefes Entzücken, der Friede des angenommenen Seins. In meiner Gestalt findet die Liebe, das Glück, in Verzauberung ihren Ausdruck. Das Leben versucht in meiner äußeren Schönheit sich selbst zu entschleiern. Das Ebenmaß meiner Gestalt spricht jetzt mit klarer Stimme, und von den Bergen hallt das Echo meiner Freude wider. Das Glück, die Freude des Angekommenen, will ich teilen mit allen, die gleichen Weges gehen. Ich bin mir jetzt der Macht bewußt, der idealen Form, die seit Anbeginn der Zeit im Geiste Gottes bestand, nach außen sichtbar Gestalt zu verleihen. Ich entspreche in Form und Inhalt der Vorstellung des Göttlichen.

Streß

Streß ist Überforderung. Der Körper kann das eine Zeitlang hinnehmen, doch dann reagiert er oft dramatisch mit Herzinfarkt, Schlaganfall, Hörsturz. Natürlich gibt es auch Streß, der gesund ist, der Spaß macht, der herausfordert. Das ist zum Beispiel der Streß eines Schauspielers vor der Premiere oder der Streß eines Sportlers, der gewinnen will. Doch jeder muß seine Grenzen kennen; wenn der Streß permanent die eigene Kapazität übersteigt, wird er destrukiv.

Gestreßte Leute tun immer so, als würden sie ja gerne mal auf der faulen Haut liegen, nur die anderen, die Umwelt, ließe sie leider nicht. Doch die Sache sieht in Wirklichkeit ganz anders aus. Der Gestreßte ist ausgesprochen unbeliebt bei seinen Kollegen, denn er verbreitet eine ungemütliche Atmosphäre von Druck und Unrast um sich. Kaum möchte ein Kollege, ein Freund ein längeres Gespräch mit ihm beginnen, eine Tasse Kaffee in aller Ruhe trinken, bekommt der Gestreßte flackrige Augen und fängt an zu erklären, was er alles noch erledigen muß. Oder eine gestreßte Mutter: Sie gibt an ihre Kinder statt Zuwendung und Geborgenheit Unruhe und Aggression weiter.

Jeder sagt dem Gestreßten: Mach weniger! Doch der läßt derartige Mahnungen zum einen Ohr hinein- und zum anderen wieder hinausgehen. Der Gschaftlhuber ist zu sehr damit beschäftigt, Vater und Mutter, beziehungsweise deren Ersatzpersonen, zu beweisen, wie gut er ist. Er giert nach Lob und Anerkennung für seinen unermüdlichen Einsatz. *Das Tragische daran ist nur, daß er das, was er sich so sehnlichst wünscht, gerade durch sein Verhalten nicht bekommt.* Der Mensch, der sich selber unter Streß setzt, versucht durch Quantität zu beeindrucken, wo doch eigentlich bekannt sein müßte, daß nur Qualität zählt. Ein guter Einfall in der Hängematte oder im Biergarten kann tausendmal mehr wert sein als hundert Stunden Knochenarbeit am Schreibtisch. Wer unter Streß arbeitet, neigt dazu, Fehler zu machen, und dann muß er wieder Zeit aufwenden, um diese Fehler auszubügeln. Warum also nicht gleich in aller Ruhe seines Weges gehen?

Wenn du ein Streßgeplagter bist, hast du wahrscheinlich auch Angst, alleine zu sein. Du deckst dich mit Arbeit ein, um dir selbst aus dem Weg zu gehen. Nimm dir einmal bewußt einen ganzen Abend lang Zeit, an dem du nichts »Dringendes« erledigst, an dem du nur dir selbst begegnest. Frag dich: Wovor habe ich Angst? Was will ich mit meinem Gestreßtsein erreichen? Was kann ich abbauen? Was kann ich an andere delegieren? Gerade für dich ist die Tiefenentspannung besonders wichtig. Lerne schnell und mühelos in Trance zu gehen. Falls du dich zu nervös dazu fühlst, reagiere dich vorher körperlich ab durch dynamische Meditation, Waldlauf, Schwimmen und ähnliches. Das alles nimmt dir keine Zeit weg, sondern spart dir – um es hart zu sagen – die Monate ein, die du sonst im Krankenhaus liegst... Manche, aber nicht alle, wachen erst nach dem Herzinfarkt auf. Es ist klüger, wenn du jetzt aufwachst.

Affirmationen: Harmonie ist in meinem Herzen und in meinem Geist. Unerschütterliches Vertrauen erfüllt mich. Was immer ich beginne, führe ich in Ruhe und Gelassenheit zum Ziel. Ich bin und bleibe in jeder Situation ruhig und gelassen. Ich bin ein außerordentlicher Erfolg. Ich schicke meinem Tun meine Gedanken voraus, sie bereiten meinen Weg für hohe Effektivität und Qualität. Ich arbeite ca. sechs Stunden am Tag intensiv, die übrige Tageszeit lasse ich meiner Kreativität freien Lauf. Sie führt mich auf kürzestem Weg zum Ziel meiner Vorhaben. In der Schmiede meines Unterbewußtseins wird mein Glück gerade bearbeitet. Ich habe Zeit zum Leben, zum Glücklichsein. Zeit haben, gelassen sein, ruhig sein, das alles hat für mich einen hohen Stellenwert. Ich will schon jetzt die Früchte meines Tuns kosten. Ich weiß, das Leben findet täglich statt. Heute ist der Tag. Heute will ich leben. Leben heißt, Zeit haben. Ich habe Zeit.

Schlaflosigkeit

Jeder, der schon mal ein paar Nächte hintereinander nicht richtig schlafen konnte, weiß, wie unwohl er sich dann fühlte. Menschen, die unter chronischer Schlaflosigkeit leiden, möchten denn auch von Herzen bedauert werden. Wir bedauern dich nicht. Denn die Ursache deiner Schlaflosigkeit findest du in dir selbst. *Du liegst nachts wach, weil du Probleme wälzt, die du tagsüber verdrängt hast.* Im Schlaf und in den halbbewußten Stadien davor ist die Trennung zwischen Bewußtsein und Unterbewußtsein nicht mehr so scharf, verschwimmt die Abgrenzung, und so wirken die unbewußten Inhalte intensiver auf dich ein. Du kannst diese Überflutung durch Schlaftabletten abblocken, doch so perfekt diese Lösung erscheint, sie ist die denkbar schlechteste. Denn Schlaftabletten – von den körperlichen Schäden, die sie anrichten, einmal ganz abgesehen – bringen ja nicht die unbewußten Inhalte, das Verdrängte, deine Probleme zum Verschwinden. Sie wirken vielmehr wie eine Staumauer, hinter der sich das Verdrängte aufstaut und einen mächtigen Druck ausübt. Bis die Staumauer schließlich bricht und die Katastrophe ihren Lauf nimmt.

Also bleib lieber bei deiner warmen Milch oder dem Hopfenbad, wenn du ein Abendritual brauchst. Denn die Wahrscheinlichkeit, daß du nachts wach liegst, ist natürlich größer, wenn du Angst vor Schlaflosigkeit hast und dir negative Suggestionen gibst wie etwa: »Heute nacht kann ich sicher wieder nicht schlafen.«

Also halte dich ruhig an etwas Harmloses, wenn es dich *glauben macht*, es bringt dir den ersehnten Schlaf.

Auf die Dauer wirst du deine Schlaflosigkeit allerdings nur dadurch kurieren können, indem du *deine Probleme tagsüber löst*! Tatsächlich eignet sich der Wachzustand auch besser für diese Arbeit, denn dann ist dir dein Intellekt, der ja nachts weitgehend ausgeschaltet ist, dabei behilflich. Die Nacht ist rabenschwarz und macht alle Probleme riesengroß. Weil der ernüchternde Intellekt nicht zugegen ist, nicht eingreift, »wälzt« du zwar deine Probleme, wie dich selbst, aber du bist ohnmächtig, sie auch zu lösen. Im Dunkeln sind alle Wege lang. Auch wenn du wegen körperlicher Beschwerden keine Nachtruhe findest – selbst diese Störungen beruhen so gut wie immer auf seelischer Disharmonie. Und so kommst du niemals darum herum, an den Ursprung der Dinge zu gehen. Stell dich deinen Problemen. Die Lösung ist schon lange existent, du mußt sie nur noch entdecken.

Affirmationen: Ich ruhe im Schoße des Allerhöchsten. In der Gewißheit, daß auf jede Frage eine Antwort da ist, noch bevor die Frage laut wurde, bin ich jetzt ruhig und voll Freude. Die unendliche Weisheit in mir zeigt mir jetzt den idealen Weg zu meinem Ziel. Von nun an denke ich an Lösungen und suche gleichermaßen die (Los-)Lösung von jeglicher Verhaftung. Wenn ich mich zur Ruhe begebe, schlafe ich tief und fest, geborgen bei meinem Vater. Vater, der du wohnst in meiner Mitte, nimm mich bei dir auf in deinen Frieden. Deine Liebe verwandle meine Nächte in einen Born der Stärke, Ruhe und des Erquickens. Ich bitte dich um deine Hilfe, denn du weißt, was für mich gut ist, noch ehe mein Bewußtsein davon erfüllt ist. In Demut neige ich mein Haupt vor dem, der alles lenkt, um von seiner Weisheit zu erhalten.

Depressionen

Depressionen sind nicht gelebte, gegen dich gerichtete Aggressionen. Die Unterscheidung von »endogenen« (von innen kommenden) und »exogenen« (von außen kommenden) Depressionen ist unsinnig. Ob innen oder außen, das ist nur eine Frage der Perspektive, das heißt, es hängt vom Zeitpunkt ab, zu dem ich das Geschehen beobachte. Einmal ist es der Zeitpunkt der Projektion (von innen nach außen), das andere Mal der Zeitpunkt der Reflexion (von außen nach innen).

Depressionen treten dort verstärkt auf, wo Heranwachsenden aberzogen wurde, ihre Gefühle zu leben. Wenn ein Kind immer ja sagen mußte, auch wenn es nein meinte, entstehen Frustrationen, die sich im Laufe der Zeit in Aggressionen verwandeln. Gerade wenn wir ja sagen, obwohl nein richtiger wäre, werden Aggressionen nicht artikuliert (herausgelassen) und es entwickeln sich gegen uns selbst gewandte Aggressionen, die jetzt Depressionen heißen.

Dieser Mechanismus macht auch klar, warum gerade Frauen so häufig unter Depressionen leiden. Speziell dem kleinen Mädchen wird ja immer noch beigebracht, brav und fügsam zu sein, und später dann wird eine aggressive Frau als »unweiblich« empfunden. Und »unweiblich« zu erscheinen, fürchten manche Frauen mehr als alles andere auf der Welt. Also erscheint es klüger, den »Mund« zu halten, die Wut zu unterdrücken und sie früher oder später dann gegen sich selbst gerichtet zu sehen.

Der erste Schritt zur Besserung deiner Depressionen liegt darin zu akzeptieren, daß du unterdrückte Gefühle und Aggressionen hast. Als nächsten Schritt unternimm etwas, um diese aggressiven Energien körperlich zu »verbraten«. Sport treiben, Bergwandern, exzessiv tanzen, was auch immer. Der nächste Punkt ist der schwierigste, und wenn du hier nicht allein zurechtkommst, wäre dir kompetente Hilfe wirklich anzuraten. *Du mußt lernen, nein zu sagen.* Sonst gehst du drauf. Ja, wir drücken das absichtlich so deutlich aus, denn je öfter du ja sagst, obwohl du nein meinst, desto größer werden deine Aggressionen und damit dann letztlich deine Depressionen. Wohin schwere Depressivität führen kann, ist hinlänglich bekannt: von schwersten psychosomatischen Krankheiten bis hin zum Selbstmord.

Ein Depressiver lebt sich nicht selbst, er wird gelebt. Er bestimmt nicht selber wie sein Leben verläuft, er wird fremdbestimmt. Die meisten Menschen sind nicht autonom, sie funktionieren irgendwie und existieren mehr, als daß sie ihr Leben leben.

Ein Depressiver hat Angst vor Konflikten, denn streiten ist

etwas, was »man« nicht tut. So nimmt er statt einer akuten Auseinandersetzung lieber den schleichenden, tödlichen Prozeß der Depression in Kauf. Denn das geht langsam, und man merkt nicht so schnell, welcher Preis dafür zu zahlen ist.

Aber: Wer sagt eigentlich, daß ein »Nein« immer wütend hingeschleudert werden muß? Man kann auch nett und diplomatisch nein sagen, Hauptsache, du machst deutlich, was du nicht willst. Sag also zuerst so freundlich wie möglich nein. Wenn der andere nicht hört, sag es laut und deutlich. Und wenn es der andere immer noch nicht begreifen will, dann hau auf den Tisch, dann laß nun Taten folgen!

Du kannst Neinsagen lernen, wir können es dir gar nicht eindringlich genug sagen. Wenn du Depressionen hast, unternimm etwas, damit das Leben wieder lebenswert wird.

Affirmationen: Ich sage ja zum Leben, dazu gehört manchmal ein Nein zu dem, was mich beengt. Freude ist mein Naturell. Mich zu freuen, liebe ich sehr und so rufe ich es nun in mein Leben. Ich erkenne heute, daß Freude der Stoff heißt, aus dem die Schöpfung ist. In meinem Leben wartet wohlverborgene Freude, die meiner harrt. Ich erkenne, daß in Gott sein heißt, zufrieden zu sein. Ihn zu erkennen, bin ich unterwegs. »Er« ist Liebe, in der sich Freude ausdrückt, deshalb hat er die Sonne vor sein Haus gestellt. Ich will nun eilen zu »ihm«, wo alles seinen Ursprung hat, auf daß ich weile im Hause des Herrn immerdar.

Rauchen

Die Rauchertherapie ist die einzige Therapie, bei der wir leider Verneinungsformen verwenden müssen. Wir negieren das Rauchen, weil es nichts gibt, was das Rauchen automatisch auflösen würde. Der Wunsch des Rauchers, nicht mehr zu rauchen, wird aufgegriffen und durch Affirmationen verstärkt.

Wenn du diese Angewohnheit aufgeben willst, beginne damit, daß du dir ein festes Datum setzt, zwei bis vier Wochen voraus. Jeden Tag suggerierst du dir nun, daß du ab diesem Tag nicht mehr rauchen wirst. Drei bis vier Tage vor dem festgesetzten Datum rauche noch einmal, soviel zu willst. Besorge dir in der Apotheke das (rezeptfreie) Medikament »Robinia«, das ist ein homöopathisches Mittel und ohne Nebenwirkungen. Sollten dir Trinkampullen nicht wirksam genug sein, laß dir »Robinia« mit Eigenblut injizieren. Vorsicht, wenn du ein sehr starker Raucher bist und 80 oder mehr Zigaretten am Tag rauchst. Hier kann ein plötzlicher Entzug gefährlich sein, führe die Entwöhnung dann besser mit ärztlicher Hilfe durch.

In der täglichen Entspannung solltest du in dir den Wunsch suggestiv verstärken, frei von dieser Sucht zu sein. Stell dir vor, wie du eine Zigarette rauchst, und dann nimm einen dicken Pinsel und male ein großes, rotes X über dieses Bild. Das versteht dein Unterbewußtsein. Sieh dich nun lachen, strahlen und die Zigarette in hohem Bogen wegwerfen.

Rauchen, Alkohol, Tablettensucht sind große Klippen auf unserem Weg, weil sie aus Unzufriedenheit geboren sind und uns in weitere Unfreiheit stürzen. *Akzeptiere nie eine Abhängigkeit!* Du hast die Möglichkeit, von diesen Ersatzbefriedigungen, diesen dummen Angewohnheiten wegzukommen, weil du geboren bist, um frei zu sein.

Affirmationen: Rauchen ist mir vollkommen unwichtig. Ich bin frei von dieser Unart. Ich sehe mich strahlend meine letzten Zigaretten im hohen Bogen wegwerfen. Mein inneres Bild als Raucher streiche ich mit roter Farbe durch. Immer, wenn ich Reklame fürs Rauchen sehe, denke ich angewidert: »Pfui Teufel, wie kann man nur. Mit mir nicht!« Ich bin eine starke, positive Persönlichkeit, die frei ist, ich bin eine rauchfreie Zone! Ich beweise mir, daß ich frei bin. Ich weiß, daß ich stark bin. Alles, was ich wirklich will, führe ich erfolgreich zum Ziel.

»Alkohol ist vergiftete Muttermilch« hat einmal ein bekannter Psychologe gesagt. Wer viel trinkt, flüchtet sich aus der »harten« Realität zurück in ein Paradies, in dem es keine Konflikte gibt, wo man einfach versorgt wird. Trinker versuchen, ihre Probleme zu »ersäufen« und geraten dadurch in eine Abhängigkeit, aus der sie sich nur schwer wieder lösen können. Wer »trinkt«, sollte wissen, daß Sorgen schwimmen können. Anders als Haschisch ist Alkohol in unserer Gesellschaft eine legale Droge. Mehrere Millionen Menschen sterben jährlich an den Folgen von übermäßigem Alkoholgenuß, doch das nehmen wir so selbstverständlich hin wie die Verkehrstoten oder mißhandelte Kinder. Alkohol ist aus unserem sozialen Leben fast nicht wegzudenken, und das macht es so schwierig, ihm zu widerstehen. »Trinkfest« zu sein, das gilt noch immer als Gütezeichen harter Männlichkeit, und was eine »emanzipierte« Frau ist, so will die natürlich mithalten.

Trinker versuchen, andere zum Alkohol zu animieren, um ihr eigenes Tun zu rechtfertigen. Achte einmal darauf, wer von deinen Freunden und Kollegen dich zum Trinken drängt. Je penetranter er es tut, desto abhängiger ist er selber davon, und er benutzt dich nur, um seine eigenen Schuldgefühle zu betäuben.

Falls du (noch) kein Alkoholiker bist, der tatsächlich ganz trocken bleiben muß, wollen wir dir hier nicht deinen Schoppen Wein oder deine Maß Bier vermiesen. *Aber achte doch einmal auf deine Trinkgewohnheiten.* Wirst du nervös, wenn um eine bestimmte Uhrzeit kein Alkohol in Sicht ist? Läßt du dich auf Partys immer wieder zu mehr Alkohol überreden, als du eigentlich trinken wolltest? Weißt du immer genau, wieviel du getrunken hast?

Wohin dein »Weg« auch führen mag, Alkoholabhängigkeit ist ein großes Hindernis, denn sie stürzt dich buchstäblich in Höllen, Höllen von Gewalt, Schuldgefühlen, der Auflösung menschlicher Bindungen. Falls Alkohol für dich ein Problem ist, dann solltest du es nicht vertuschen. *Hör auf deine innere Stimme, auch wenn sie dir Unangenehmes sagt.* Bitte andere um Hilfe, wenn du alleine nicht zurechtkommst. Sei dir allerdings bewußt, daß in jedem Fall *du* es bist, der die eigentliche Arbeit machen muß. Aber du wirst es schaffen. Glaube an deinen Erfolg, und er ist dir sicher! Alles hat die Macht, die du ihm verleihst.

Affirmationen: Der Schöpfer hat die Schöpfung gut und sehr gut genannt, es liegt in meiner Hand, wie ich das Geschaffene anwende. Ich gehe jetzt zum Ursprung allen Seins zurück, tief in mir ist jeder Kern aus nicht denkendem, reinem, bewußtem Sein. Um ihn herum baut sich alles auf, was ich »Ich« nenne. Mein Körper, mein Charakter, mein Selbst, meine Vorlieben und Eigenschaften. Vieles davon wurde mir von außen angeboten, ich habe es angenommen. Vieles davon habe ich angezogen, weil es mir diente. Jetzt bedenke ich neu den Wert und die Dienstbarkeit dieser meiner persönlichen Eigenschaften. Ich ordne jetzt meine Verhältnisse neu. Gut und ungut ist oft eine Frage der Dosierung. Wenn ich glaube, daß ein Glas mir guttut und es dabei bleibt, will ich es gutheißen. Trinke ich wie unter Zwang mehr, verliere ich also meine Kontrolle, dann erkläre ich Alkohol als für mich bedeutungslos. Und auf etwas, was für mich keine Bedeutung hat, kann ich verzichten.

Sexuelle Probleme

Falsch gelebte Sexualität ist oft der Ursprung schwerster Neurosen, die häufig nach dem 40. Lebensjahr zum Ausbruch kommen. Wieder wurden Gefühle nicht gelebt, weil Eltern, Gesellschaft und Kirche Sexualität als etwas Schmutziges verteufelt haben, etwas, was höchstens als Mittel zum Zweck der Zeugung ausgeübt werden darf. Naturvölker, bei denen besonders auch die jungen Mädchen ihre Sexualität frei und natürlich ausleben dürfen, kennen keine Neurosen, keine Perversionen, keine sexuelle Gewalt.

Seit Jahrhunderten redet die Kirche den Gläubigen ein, daß Sexualität nur zum Zeugen von Kindern genossen werden darf. Wer aber sündigt, den erwartet Strafe. Wer sonst als Gott (Evolution) hat dir deine Sexualität gegeben, diese einzigartige Quelle der Lust und der inniglichen Gemeinsamkeit? Die Psychologen wissen, daß gerade *nicht* befriedigte sexuelle Wünsche zur »Sünde«, sprich Gewalt, Angst, Aggression, Isolation, führen. Wenn du sexuelle Probleme hast, stell dir folgende Frage: *Verhalte ich mich so, wie es meinen Wünschen entspricht, oder akzeptiere ich ein falsches Programm?* Jeder hat die Sexualität, die er akzeptiert.

Alle Menschen wollen anscheinend potent oder orgasmusfähig sein, doch tief in dir ist vielleicht ein ganz anderes Programm gespeichert. Da kann ein Mann Angst haben, sich »in« einer Frau zu verlieren, und bleibt deshalb lieber »draußen«. Da hat eine Frau die Vorstellung, als Hure zu gelten, wenn sie ihre sexuellen Wünsche offen äußert – und empfindet deshalb lieber »nichts«. Lerne, die Sprache deines Körpers zu verstehen. Was will dir dein Körper sagen mit seiner angeblichen »Fehlfunktion«? Wenn du sexuelle Probleme hast, dann solltest *du* deine Einstellung zur Sexualität ändern. Dein Partner kann dir dabei helfen, aber ändern mußt du dich.

Affirmationen: In meiner Sexualität drückt sich meine Lebensfreude aus. Ich liebe die Lust, die ich mir und meinem Partner bereite. Ich akzeptiere frei und offen meine sexuellen Wünsche. Meine Sexualität öffnet mir das Tor zu einer höheren Dimension, denn sexuelle Befreiung ist auch eine spirituelle Weiterentwicklung. Meine sexuelle Energie ist die reine, machtvolle Kreativität, die mein ganzes Sein durchdringt. Der Körper ist der

Tempel der Seele, und indem ich ihm Lust bereite, strömen auch meiner Seele positive Energien zu. Ich vereinige mich mit dem Höchsten, ich verschmelze mit dem Göttlichen, wenn ich mit meinem Partner »beieinander bin«.

Teil III:

Erfahrungen

KAPITEL 1: »MÄRCHENHAFTE« THERAPIEERFOLGE

In einem Vorgespräch für eine Therapie sagte eine junge Frau: »Ich weiß nicht, woran es liegt, aber jedesmal, wenn ich das Gefühl habe, daß ich fliegen, singen oder tanzen könnte, oder daß ich jemand *bin,* also jedesmal, wenn das passiert, werde ich bestraft.« Diese Vorstellung haben die meisten von uns, auch wenn wir es nicht zugeben, weil wir doch angeblich nichts dringender wollen, als glücklich sein.

Die Angst vor dem Glück hängt wieder einmal mit unserer Kindheit zusammen. Jedes Kind lernt früh, den totalen Ausdruck seines Wesens zu unterdrücken. Es begreift schnell, daß es sicherer ist, die Gefühle zu dämpfen, weil es sonst nur Ärger bekommt. Wenn es glücklich ist, möchte es schreien und toben, aber das mögen die Eltern nicht so gern. Viel lieber haben sie ein »braves« Kind, das ruhig und kontrolliert ist. Das Kind verbindet also sehr früh schon, daß sich wohl fühlen und der Freude Ausdruck geben oft mit Ärger verbunden ist.

Wenn du erwachsen bist, ist diese Verbindung in dir noch wirksam, gerade weil sie dir nicht bewußt ist, wirkt sie sozusagen aus dem Verborgenen und hat Herrschaft über dich. Natürlich strebt niemand willentlich nach Unglück, doch es ist auffallend, wie viele Menschen sich die Dinge immer so einrichten, daß sie sie negativ sehen können.

Du suchst zum Beispiel den idealen Partner. Was passiert nun, wenn du eines Tages den idealen Partner tatsächlich findest? Wenn du feststellst, daß du mit diesem Partner zum Mond fliegen könntest? Du gerätst in Panik! Es ist nämlich *eine* Sache, davon zu reden, daß man nichts lieber täte als zum Mond zu fliegen – und eine *andere,* plötzlich tatsächlich zum Mond fliegen zu können. Also richtest du es so ein, daß du an dem anderen herummäkelst, bis er noch nicht einmal mehr zum Abheben geeignet ist! Das treibst du vielleicht sogar so lange, bis du endlich sagen kannst: Ich habe mich getäuscht, er ist doch nicht der Richtige für meinen Mondflug. Dann suchst du wieder, und das Ganze geht von vorne los.

Die Wahrheit ist: Du hast Angst vor dem großen Glück, du möchtest fliegen, aber du hast Angst, auf die Nase zu fallen. Glücklich zu sein, weckt in dir ein dumpfes Gefühl, dafür vielleicht bestraft zu werden. Wenn du aber Angst hast, glücklich zu sein, nützen dir die tollsten Partner, die teuersten Kleider, viel Geld, die klügsten Bücher, und auch der größte Starruhm nichts.

Wir werden oft gefragt, was die Hypnosetherapie und die Seminare eigentlich bewirken. Darauf zu antworten, ist sehr schwierig, weil es kein gemeinsames »Klassenziel« gibt. Jeder lernt das, was er lernen muß, um er selbst zu sein. Doch einen Nenner kann man wohl finden, der entscheidend für den Erfolg ist: *Du lernst, dir zu gestatten, glücklich zu sein.* Denn wenn du das kannst, folgen die Inhalte, die dich glücklich machen, von ganz alleine.

Wir haben drei ehemalige Patienten gebeten, uns ihren Heilungsprozeß in einem Märchen zu schildern. Hinter den Figuren dieser Märchen stehen also individuelle Personen, aber als Märchenfiguren sind sie symbolisch auf jeden Leser übertragbar. Die darin geschilderte Selbstfindung betrifft also auch dich.

Hier nun die drei Märchen:

Der Schatz am Ende des Regenbogens

Es war einmal ein alter Mann. Der lebte ganz allein im Wald in einer kleinen Hütte und war sehr, sehr unglücklich. Jeden Tag saß er auf einer Bank vor seinem Häuschen und starrte vor sich hin. Er hörte nicht, wie die Vögel sangen, er spürte den Wind nicht, der mit den Blättern der Bäume spielte, er fühlte nicht die Sonnenstrahlen auf seiner Haut, er roch den würzigen Tannenduft nicht, und er sah nicht, wie die Tiere des Waldes immer wieder zutraulich zu ihm herüberblickten.

Er hielt den lieben langen Tag den Kopf gesenkt und dachte nach. Seine Gedanken kreisten immer nur um eine Sache. Warum, so fragte er sich wieder und wieder, warum nur war die Prophezeiung der schönen Fee nicht in Erfüllung gegangen? Dabei war der Fall doch ganz klar. Seine Mutter hatte ihm die Geschichte oft erzählt. Damals, als er vor vielen Jahren in dem tausend Jahre alten Wasserschloß in der Mitte des Waldsees geboren wurde, damals, genau eine Stunde nach der Geburt, hatte plötzlich eine Fee an seiner Wiege gestanden.

Sie hatte wunderschöne lange Haare, erinnerte sich seine Mutter. Fein und schimmernd wie Engelhaar, auf das die Sonne scheint. Und sie hatte ein Lächeln auf den Lippen, das jeden, ob Mann oder Frau, dahinschmelzen ließ. Was die Fee dann gesagt hatte, das hatte sich der Mann genau gemerkt, zu oft hatte es ihm seine Mutter, die natürlich längst gestorben war, erzählt. »Am Ende des Regenbogens liegt ein großer Schatz für dich.« Genau diese Worte hatte die Fee zu dem Säugling gesprochen. Dann war sie verschwunden.

Kaum war er alt genug, hatte der Mann auf der ganzen Welt nach diesem Schatz geforscht. Er war von Land zu Land gereist, hatte in den Bergen nach Edelsteinen, in den Flüssen nach Gold gesucht, und er war nach versunkenen Schiffen auf den Meeresgrund getaucht. Es war ein wildes, abenteuerliches Leben gewesen, voller Ungeduld und auch voller Gier. Doch den Schatz, nein, den hatte er nie gefunden. Er war arm wie eine Kirchenmaus geblieben, und sein Erbe, das schöne Wasserschloß, fiel an seinen jüngeren Bruder, weil er sich nie darum gekümmert hatte.

»Am Ende des Regenbogens, so ein Unsinn!« pflegte er regelmäßig am Ende seiner Grübeleien zu sagen und mißmutig in die Hütte zurückzustapfen, um sich schlafen zu legen.

So lebte er dahin, bis eines Tages etwas geschah. Es hatte tagelang geregnet, doch plötzlich war mit Macht die Sonne durchgebrochen, obwohl es noch etwas nieselte. Der alte Mann saß mal wieder mit gesenktem Kopf vor seiner Hütte und zertrat wütend eine kleine Blume. Doch plötzlich veränderte sich das Licht, und der alte Mann schreckte auf. Und da sah er es. Ein riesiger Regenbogen spannte sich über den Wald, hoch über die höchsten Wipfel der Bäume. Ein Regenbogen in den schönsten Farben, so prächtig, wie er es noch nie gesehen hatte. Und das Ende des Regenbogens zeigte genau auf ihn. Ja, der alte Mann saß direkt am Ende des Regenbogens. Da kam ihm die Erleuchtung. Der Schatz am Ende des Regenbogens, das war er selber!

Der alte Mann begann zu weinen. Er ging in seine Hütte und weinte drei Tage und drei Nächte lang.

Dann trat er wieder heraus. Er holte tief Luft und spürte, wie das Leben in ihn zurückströmte. Er fühlte sich um Jahrzehnte jünger. Er sah auf den Boden und bemerkte einen kleinen Käfer, der auf den Rücken gefallen war. Er bückte sich und drehte ihn behutsam herum. Dann blickte er hoch und nahm wahr, daß der Himmel leuchtend blau war.

Da wußte er, daß nun ein langes und glückliches Leben vor ihm lag.

Die dicke Riesin

Es war einmal an einem fernen, eigentlich unbedeutenden Ort eine Riesin. Diese Frau war stark, intelligent und dick. Alle Leute fürchteten sie – und das machte sie traurig. Jahrelang lebte sie so und ertrug die Traurigkeit und den Schmerz mit der ihr so vertrauten Stärke. Doch plötzlich, ihr schien es wie über Nacht, konnte sie es nicht mehr aushalten. Sie bekam unvorstellbare Angst. Aus dieser Angst entstand der Drang, sich auf die Suche zu machen, um irgendwo Hilfe zu finden. So machte sie sich auf die Wanderschaft. Sie ging tagelang, monatelang über Stock und über Stein, bei Regen und Sonne, bei Nacht und am Tage. Ihr Drang war so stark, daß sie keinen Schlaf fand. Immerzu mußte sie suchen.

Eines Tages kam sie an ein Haus im tiefen, dunklen Wald. Sie klopfte, denn sie war vor Hunger und Durst kaum noch lebensfähig. Nach alter Manier versuchte sie die Leute einzuschüchtern, doch o Schreck – die hatten ja gar keine Angst vor ihr. Na ja, dachte sie, so ganz glaub ich euch ja nicht. Ihr seid nur zu feige, um eure Angst einzugestehen, und denkt vielleicht »wer wagt, gewinnt« oder ähnlichen Kram.

Doch dann kam es noch schlimmer: Da sagte doch plötzlich einer zu ihr: »Du, ich hab dich lieb«, und nahm sie auch noch ganz fest in den Arm. Jetzt geriet sie in Panik. Weg, bloß weg! Die spinnen, die sind alle verrückt, schrie es in ihr. Hier bin ich ja meines Lebens nicht mehr sicher. Doch sie stand ganz erstarrt und völlig durcheinander mit geschlossenen Augen da. Mit der Zeit, als sie mutiger wurde, blinzelte sie mal, um die Gesichter der Menschen zu sehen. Und die, die lächelten! Ja, tatsächlich lächelten die Menschen sie an. Da schienen dieser riesigen, starken Frau die Menschen etwas größer zu werden! Oder wurde sie am Ende kleiner? War ja auch egal.

Die Menschen gaben ihr ein Zimmer, und so blieb sie erst mal in diesem Haus. Der Trieb zu suchen war verschwunden, und sie spürte so etwas wie Hoffnung in sich. Für sie war das wie ein Zeichen des Himmels.

In den nächsten Tagen lernte sie auch die anderen Menschen kennen. In dem Haus war vieles, was sie nicht verstehen konnte, aber im Laufe der Zeit gewann sie Vertrauen und spürte, daß die Menschen es gut mit ihr meinten. Sie fühlte sich wohlig warm unter den Menschen, die ihr schon wieder etwas größer schienen. Eines Tages ging sie durchs Haus und fand in einer Ecke einen Hammer und einen Meißel. Interessiert nahm sie die fremden Gegenstände in die Hände und überlegte, wozu die wohl gut waren. Plötzlich spürte sie einen heftigen Schmerz. Sie hatte sich verletzt. Ein Stückchen ihrer rauhen, rissigen, grauen Oberfläche war abgesprungen. Sie bückte sich, um das Stück von sich aufzuheben. Die Unterseite des abgebrochenen Stücks war goldglänzend und ganz glatt, richtig schön anzusehen. Schnell sah sie an ihrem Körper nach und tatsächlich war da jetzt auch so eine schöne Stelle. Da war sie sehr glücklich. Sie steckte das Stückchen von sich ein und nannte es Goldblättchen. Ein paar Tage lang erfreute sie sich an dem Goldblättchen, doch sie war jetzt neugierig, ob da überall unter der unschönen Oberfläche Gold war. Mutig nahm sie den Hammer und den Meißel wieder zur Hand und schlug eine neue kleine Stelle weg. Auf diese Art und Weise fand sie viele Goldblättchen, und ihre Körperoberfläche wurde kleiner, glänzender und klarer. Doch eines Tages, gerade als sie dachte: Jetzt hab ich es geschafft!, bemerkte sie, daß die Stelle, wo sich ihr erstes Goldblättchen befunden hatte, matt, dunkel und trübe geworden war. Sie erschrak, doch sie war jetzt gewohnt, an sich zu arbeiten, und so fing sie eben wieder von vorne an. Und das immer wieder, jeden Tag. Ja, und wenn ich mich nicht täusche, dann hämmert sie immer noch irgendwo auf dieser Welt, denn für immer kann man ja nicht im schwarzen Wald bleiben.

Die goldene Prinzessin

Es war einmal eine kleine Prinzessin. An dieser kleinen Prinzessin war alles golden. Die Haare waren golden, die Augen waren golden, die Haut war golden, und die Kleider, die sie trug, waren golden. Aber auch ihr Vater, der König, war von oben bis unten golden, und genauso ihre Mutter, die Königin. Überhaupt war alles golden in dem ganzen Königreich. Die Berge, die Flüsse, die Wälder, die Seen. Es gab keine andere Farbe.

Die kleine Prinzessin war sehr glücklich. Sie spielte den ganzen Tag mit goldenen Reifen, kleinen goldenen Kanarienvögeln und pflückte goldene Blumen. Wie gesagt, die kleine Prinzessin war sehr glücklich. Allerdings nur, solange es Tag war. Wenn es Abend wurde und die Sonne unterging, wurde die Prinzessin jedesmal von einer großen Traurigkeit befallen. Sie wurde immer trauriger und unglücklicher, je mehr es dunkelte, und jede Nacht lag sie weinend und zitternd vor Angst in ihrem Bett. Ihre Eltern, der goldene König und die goldene Königin, hatten schon alle Ärzte in ihrem Königreich befragt, was ihrer Tochter fehlen könnte, aber keiner wußte eine Antwort.

Eines Tages nun, als die kleine Prinzessin im Sonnenschein im Gras saß und sehr glücklich war, kam eine Schlange angekrochen. Die kleine Prinzessin hatte keine Angst vor Schlangen. Das einzige, was ihre höchste Verwunderung weckte, war, daß die Schlange nicht golden war wie alle anderen Dinge um sie herum, sondern schwarz. »Wie siehst du denn aus!« rief die Prinzessin. »Guten Tag, kleine Prinzessin«, sagte die Schlange. »Es stimmt, ich sehe anders aus als alles andere. Ich komme zu dir, weil ich gehört habe, daß du immer sehr unglücklich bist, wenn es Nacht wird. Ich glaube, ich kann dir helfen. Du mußt aber mit mir kommen. Wir werden eine kleine Reise machen. Du wirst dabei allerlei wunderliche Dinge sehen, aber ich verspreche dir, daß alles gut wird und du am Ziel deiner Reise etwas finden wirst, was dich für immer glücklich macht.« »Auch nachts?« fragte die kleine Prinzessin. »Auch nachts«, sagte die Schlange. »Komm, setz dich auf meinen Rücken.« Die kleine Prinzessin setzte sich auf den Rücken der Schlange, und schon zischte die so schnell davon, daß ihr Hören und Sehen verging.

Die Schlange schoß in einen See, und das ging so geschwind, daß die Prinzessin nicht einmal Zeit hatte zu schreien. Die Schlange sank mit der Prinzessin immer tiefer unter Wasser. Bald hörte das Rauschen in den Ohren auf, und die Prinzessin konnte die Augen aufmachen. Was es da alles zu sehen gab! Wunderschöne Blumen in den leichtesten Farben wiegten sich in der Strömung, und Schwärme von schillernden Fischen zogen an ihnen vorbei. Doch je tiefer die Schlange sank, desto größer wurden die Pflanzen und Fische, jetzt legten sich glitschige Fangarme um den Körper der Prinzessin, und riesige offene Mäuler kamen auf sie zu. »Ich habe Angst!« schrie die Prinzessin. »Wir sind gleich da«, sagte die Schlange, und schon stieß sie wieder an die Wasseroberfläche. Sie schwamm an Land, und plötzlich saß die Prinzessin auf der Erde.

Vorsichtig öffnete sie die Augen und riß sie dann erstaunt auf. Hier sah es ja ganz anders aus als bei ihr zu Hause. Kein bißchen von der leuchtenden goldenen Farbe, die sie kannte. »Was ist denn das?« fragte sie die Schlange angstvoll. »Hier ist eigentlich alles genauso wie in deinem Königreich«, antwortete die Schlange. »Nur daß hier, anstatt golden, alles silbern ist. Es gibt hier auch eine kleine Prinzessin, nur daß sie eben silbern ist.« »Hat sie auch so wie ich im Dunkeln Angst?« fragte die kleine Prinzessin. »Nein, die silberne Prinzessin ist glücklich, wenn es Nacht ist, sie ist traurig und hat Angst, wenn es Tag ist. Aber schau, da kommt sie schon.« Die goldene Prinzessin sah auf – und staunte. Da kam eine kleine Prinzessin auf sie zu, die ganz genauso aussah wie sie selbst. Aber sie war von oben bis unten silbern.

»Ihr müßt immer zusammenbleiben«, sagte die Schlange. Da sahen sich die goldene und die silberne Prinzessin tief in die Augen, und dann umarmten sie sich. Und auf einmal waren nicht mehr zwei Prinzessinnen da, sondern nur noch eine. Und die war golden und silbern zugleich und war am Tag so glücklich wie in der Nacht. Und die Welt um sie herum war plötzlich voller bunter Farben.

KAPITEL 2:

Die häufigsten Fragen an den Therapeuten und die Antworten

1. Wohin soll ich auf dem Wege zur Harmonie mit meinen Aggressionen? Ich möchte sie nicht einfach verdrängen.

Stell dir einen Raum vor, in dem vollkommene Dunkelheit herrscht, weil die Maurer die Fenster vergessen haben. Wie bekommst du Licht in diesen Raum? Vielleicht läufst du mit einem Sack in den Raum hinein, fängst die Dunkelheit ein und trägst sie hinaus. Nach tausend Säcken merkst du, daß da etwas nicht stimmt. Jetzt kommst du auf die Idee, es umgekehrt zu machen: Du fängst draußen das Sonnenlicht ein und trägst es in den Raum hinein. Nach ein paar hundert Säcken erkennst du, daß das auch nicht funktioniert. Nun kommt jemand, der ist klüger als du. Der strengt seinen Kopf ganz gewaltig an, und dann schreibt er mit Kreide in dem dunklen Raum das Wort »Licht« an die Wand. Das ist schon ganz gut, das kommt der Sache schon näher. Aber dunkel ist es immer noch. Und da ist schließlich einer, der sagt: »Ihr Trottel« – und knipst das elektrische Licht an. Da ist die Dunkelheit weg. Er hat nicht die Dunkelheit bekämpft, er hat sich gar nicht um die Dunkelheit gekümmert, er hat einfach das Gegenteil der Dunkelheit, nämlich Licht gemacht. Genauso ist es mit Unwissenheit oder, profaner ausgedrückt, mit Dummheit. Auch sie ist erst beendet mit der Erleuchtung. Oder wie es der Volksmund sagt, wenn du ein »heller Kopf« bist, dann kannst du keine dunkle Gestalt mehr sein.

Ebenso ist es mit der Harmonie und der Aggression. Das Schlechteste, was du machen kannst, ist, deine Aggressionen zu bekämpfen. Dem Krieg den Krieg zu erklären ist zwar gängiger Unsinn, erkläre ihm statt dessen den Frieden und er weiß sich keinen Rat mehr. Druck erzeugt Gegendruck. Bekämpfe nicht deine Feinde, liebe sie und sie sind deine Freunde. Wenn du dich durch geeignete Wege bemühst, zu Harmonie zu gelangen, so werden deine Aggressionen von alleine verschwinden, weil Aggression das Gegenteil von Harmonie ist. Wenn man in Harmonie ist, erübrigt sich die Frage: Wohin mit den Aggressionen, so wie sich die Frage erübrigt, was mit der Dunkelheit geschehen soll, sobald man Licht gemacht hat. Wahrscheinlich wirst du nicht so schnell in vollkommene Harmonie versetzt, wie du einen dunklen Raum erleuchtest, aber wenn es hell wird, werden die Schatten kürzer. Kümmere dich um das, was du haben willst. Alles was wichtig ist, ist doch das, was du willst, oder? Wenn du eine positive Suggestion aufnimmst, dann ist sie, durch die ganz normale Anhäufung von »Mist«, den wir in uns haben, zunächst ein Tropfen auf einem heißen Stein. Deshalb sagt der oberflächliche Betrachter, daß das nichts nützen kann. Aber der Tropfen auf dem heißen Stein wird zu einem Tropfen, der den Stein höhlt, wie wir schon einmal gesagt haben. Es ist jetzt nur noch eine Frage der Zeit, oder der geeigneten Wege, die Zeit abzukürzen, um alsbald dein Ziel zu erreichen.

Also, Aggression löst sich von alleine auf durch das Schaffen von Harmonie, weil Harmonie das Gegenteil von Aggression ist. Genauso wie Aggression automatisch Harmonie zerstört. Du solltest dafür sorgen, daß das, **was du möchtest**, in dir 51 Prozent – oder besser mehr – Stimmrecht hat. Ideal wäre natürlich 98 Prozent, bei 51 Prozent dauert es lange, bis etwas daraus wird, aber immerhin, es ist die Mehrheit und somit ein guter Anfang.

2. Was, wer, wie ist Gott?

Der Versuch einer intellektuellen Definition ist müßig, niemand ist in der Lage, diese Größenordnung, die jenseits unseres Begriffsvermögens ist, zu erfassen. Alles, was wir über ihn wissen, trennt uns von ihm, und eine Definition wäre im Grunde nichts anderes, als auf Wissen zurückzugreifen. Wenn wir Gott benennen, können wir ihn nicht finden. Und der, der Gott gefunden hat, kann ihn nicht benennen. Er wird glänzende Augen haben, er wird strahlen, er wird erleuchtet sein, er wird dich umarmen, er wird Wunder vollbringen können. Aber das in unseren Augen Einfachste von der Welt wird er nicht tun können, nämlich sagen, was Gott ist. Wenn du niemals etwas Süßes gegessen hast, wird dir niemand erklären können, was oder wie das ist. Wenn du dich niemals in den Finger geschnitten hast, kann dir niemand erklären, wie sich das anfühlt. Jemand kann dir nur ein Messer in die Hand geben und dir viel Glück wünschen. Die Erfahrung mußt du selber machen, es geht nicht anders. Es gibt Bereiche, wo der Intellekt seine Grenzen erreicht, und bei »Gott« ist diese Grenze absolut, und sie wird es wohl noch bleiben.

Keine Definition, aber eine schöne Umschreibung ist: Gott ist kreative Intelligenz. Gott ist nicht denkendes, reines, bewußtes Sein. Wenn du wirklich mehr über Gott wissen willst, dann such ihn. Aber such ihn nicht zu lange an falschen Plätzen. Suche ihn in dir, er ist in dir, er ist auch in deinem Nachbarn, er ist auch in einer Blume, in einem Flugzeug. Er ist dein eigenes höheres Selbst.

In dem Selbsterfahrungsbuch *Zen und die Kunst, ein Motorrad zu warten* schreibt Robert M. Pirsig ganz richtig: »Flucht vor der Technik, der Haß auf sie, ist selbstzerstörerisch. Die Gottheit wohnt in den Schaltungen eines Digitalrechners oder dem Zahnrad eines Motorradgetriebes ebenso bequem wie auf einem Berggipfel oder im Kelch einer Blüte.«

Gott selbst sagt im Thomas-Evangelium: »Ich bin das Licht, das über allem leuchtet, ich bin das All, das All entstand aus mir und das All gelangte zu mir. Erhebe den Stein und daselbst wirst du mich finden, spalte das Holz und ich bin dort.«

Gott ist auf der prinzipiellen, universellen Ebene aktiv. Wir auf der speziellen, individuellen Ebene sind identisch mit dieser Intelligenz, sind eins mit ihr. Es gibt außer Gott nichts. Auch nicht das Böse. Aus der Perspektive der Raum- und Zeitlosigkeit verschmelzen die Gegensätze zu einer *Ein*sicht. Es gibt in der

Schöpfung nichts, was sich gegen die Schöpfung richtet. Gott ist die Schöpfung, er hat sich in der Schöpfung ausgedrückt. Er ist Eins ohne ein Zweites.*

3. Auf der einen Seite soll man loslassen, geschehen lassen, auf der anderen klare Ziele setzen. Ist das nicht ein Widerspruch?

Nein. Du sollst ein klar definiertes Ziel haben und dann sagen: Der Vater in mir tut die Werke. Ich habe dieses Ziel, ich habe diesen Wunsch, und ich weiß, daß der, der mir diesen Wunsch gegeben hat, mir auch die Kraft gab, ihn zu verwirklichen. Und ich weiß, daß Gott zu mir spricht durch meine Wünsche. Du sollst viele Wünsche haben, auch im materiellen Bereich, und du sollst viel investieren in die Verwirklichung dieser Wünsche. Damit du erkennen kannst, was ihre wahre Natur ist, nämlich *Maya,* das heißt Illusion – daß es nur deine Vorstellung ist, du wärst nach der Verwirklichung eines Wunsches glücklich und am Ziel. Doch die Erfahrung der Menschheit lehrt, daß ein Mensch, der sich seine Wünsche erfüllt hat, nach neuen Ufern Ausschau hält, und dieses Spiel wiederholt sich immer wieder. Die Evolution vollzieht sich nicht unter Umgehung der Materie, sondern durch die Materie. Also wünsche dir alles, was du haben willst, Häuser, Autos, Schmuck. Du wirst schon sehen, was geschieht, wenn alle Wünsche erfüllt sind. Versteh dieses »du wirst schon sehen« aber nicht als Drohung, nur weil dieser Satz in deiner Kindheit so oft als bedrohlich von dir empfunden wurde. Versuch nicht deine Wünsche zu unterdrücken, sonst wirst du immer das Gefühl haben, etwas Wichtiges versäumt zu haben. Du wirst frustriert sein und andere beneiden, die sich ihre Wünsche erfüllen, und daraus wird Aggression. Deine Wünsche sind dann nur verdrängt, aber nicht überwunden.

* Mehr zu diesem Thema siehe Erhard F. Freitag, *Diesseits der Wirklichkeit*, Bergisch Gladbach: Bastei Lübbe, 1997.

Die östliche Philosophie, nach der es besser ist, keine Wünsche zu haben, wird dann sinnvoll, wenn du dir so viele Wünsche wie möglich erfüllt hast. Denn dann erst durchschaust du das Spiel, und erkennst, daß es eine Illusion ist, durch Wünsche alleine zur Erfüllung zu gelangen und zu einem glücklichen Menschen zu werden. Erst dann bist du reif für den Frieden, der in der Wunschlosigkeit zu finden ist.

Noch etwas zum »Loslassen«. Deine Ziele erreichst du nicht durch alle möglichen Transaktionen, sondern indem du auf sie verzichtest. Loszulassen, geschehen zu lassen, oder wie es die Volksweisheit sagt: »Geduld bringt Rosen«, ist der bessere Weg zum Ziel. Wenn du verstehst, was gemeint ist mit der Aussage »ES« geschehen zu lassen, dann geschieht »ES« auch. Du kannst haben, was du willst, und das ganz besonders dann, wenn du es nicht mehr willst! Zwischen dir und der Verwirklichung deines Wunsches steht nur deine Meinung von der Diskrepanz zwischen dir und deinem Wunsch. Deine Meinung über die Strecke, die zurückzulegen ist, ist von größerer Bedeutung als die Strecke selber. Laß los, laß Gott deine Wünsche verwirklichen – und durchschau das Spiel. Aus der großen Energie, die du eventuell einsetzt, um erfolgreich zu sein, ist zu erkennen, welchen Widerstand du erwartest. Ein imaginäres Hindernis aber wird manchmal schnell zum realen Hindernis. Dein immer kreativer Geist führt von deiner Imagination zur Realisation. Oder das, was du befürchtest, wird über dich kommen. Deshalb, laß los, fürchte und sorge dich nicht, ein anderer hat das für dich bereits getan.

4. Braucht man nicht sehr viel Energie, um das Gute durchzusetzen?

Energie ist bestimmt nicht nötig. Energie ist nötig, einen Kubikmeter Sand von links nach rechts zu schaufeln. Auf der physikalischen Ebene braucht es Energie, um etwas zu bewirken. Aber im seelischen Bereich kommen metaphysische Gesetze zum Tragen, die intellektuell schwerer faßbar sind als das kleine »Einmaleins«. Wenn du einen Würfel teilst, so wird jeder Teil kleiner sein als der Würfel. Die Gesamtmenge dieser Teile ergibt wieder den ganzen Würfel. Wenn du aber etwas teilst, was im physikalischen Universum nicht existiert, wie Freude und Liebe, Glück, so wird es mehr. Geteilte Freude ist doppelte Freude – das ist nicht nur ein Spruch, der irgendwo einmal niedergeschrieben wurde, weil noch Platz auf dem Papier war. Das ist eine fundamentale Wahrheit, deren Aussagekraft für dich von großer Bedeutung sein kann. Durch Teilen vergrößerst du Freude, möchtest du? Wenn du einem anderen deine Freude mitteilst, sind es schon zwei Personen, die an einem freudigen Ereignis teilhaben. Es ist also mehr Freude im Kosmos vorhanden und nicht nur für jeden ein Teil davon. Wir können selbst dann nicht den Weltfrieden erreichen, wenn wir mit übermenschlicher Anstrengung, mit »Energie« den Krieg bekämpfen.

Dem Krieg den Krieg zu erklären, das ist Unsinn, der sogar manchen Politikern bewußt wird. Mit Bomben den Frieden erzwingen zu wollen, ist nicht möglich, denn eine Bombe zieht eine andere Bombe an. Alles gedeiht nach seiner Art. Deshalb können wir den Krieg nur überwinden, indem wir ihm den Frieden erklären. Teile Gefühle und Gedanken des Friedens mit anderen, dann wird es mehr Frieden in der Welt geben – das ist das »Energiegesetz« des Kosmos. Lassen wir den Krieg in Frieden, dann wird er sich selber bekriegen und wir den ersehnten Frieden kriegen.

5. Kann durch Positives Denken Karma aufgelöst werden?

Das Wort »Karma« wird oft strapaziert, um die Schuld für die Probleme, in denen man gerade steckt, auf ein mutmaßliches Vorleben zu projizieren. Wenn eine Theorie sagt, daß du irgendwann einmal einen Planeten zerstört hast, gefällt dir das vielleicht, weil du dann nicht hier und jetzt hinzuschauen brauchst. Da einigen sich »Weggucker« auf: Das habe ich nicht gemacht, das ist altes Karma. Im Grunde heißt das: Damit habe ich nichts zu tun. Wenn du oft oder gar ständig große Probleme hast, so hat das mit Sicherheit nichts mit einem Vorleben zu tun. Ursache und Wirkung spielen sich innerhalb deines gegenwärtigen Dramas ab, nicht in Zusammenhang mit Vorstellungen, die du angeblich irgendwann einmal gegeben hast. Deine Probleme, das ist deine »Tragödie« inmitten einer Komödie hier und heute. Wem es aber an Humor mangelt, der verwechselt leicht eine Komödie mit einer Tragödie. Nimm einfach das, was ist, als etwas, was du in diesem Leben angezogen, erschaffen, erzeugt hast. Versuche, die Urheberschaft der Ereignisse nicht zu reduzieren, indem du die Anfänge in ein mutmaßliches anderes Leben abschiebst. Das ist Verantwortungslosigkeit und der Versuch eines kindlichen Gemütes, sich aus der Realität (Verantwortung) zu schleichen. Es gibt nichts anderes als Ursache und Wirkung. Wir sind Alpha und Omega, Anfang und Ende zugleich, und wir sind Schöpfer und Geschöpf. Kümmere dich um das Jetzt und Hier, dann ist alles, was du Karma nennst, miteingeschlossen und du mußt nicht unausgegorene Theorien strapazieren und einfache Zusammenhänge nicht kompliziert erklären.*

6. Was ist der Sinn des Lebens?

Eine gute und für uns alle wichtige Frage, deren Beantwortung für die Qualität unseres Lebens von entscheidender Bedeutung ist. Die philosophische, aber intellektuelle Antwort ist: Der Sinn des Lebens ist der, den du ihm gibst. Der Sinn des Lebens ist, Erkenntnis zu gewinnen.

Ein kluger Mann sagte einmal: »Das Leben ist ein Erkenntnis schaffender Prozeß.« Niemand verläßt diese Welt so wie er sie betreten hat. Wenn du dich der »Erkenntnis« des Lebens bisher erfolgreich verweigert hast, dann bietet sich spätestens im Mo-

* Mehr zum Thema siehe *Diesseits der Wirklichkeit*, Erhard F. Freitag, Bergisch Gladbach: Bastei Lübbe 1997

ment des Übergangs (des Sterbens) Erleuchtung an. Wir wissen, daß in diesem Moment der berühmte Lebensfilm abläuft. Spätestens jetzt überblickst du noch einmal, oder zum erstenmal dein Leben, ziehst Bilanz und erkennst den Sinn des (deines) Lebens. Du erkennst Zusammenhänge und gewinnst spätestens jetzt aus deinem Leben die (über-)fällige Erkenntnis. Wir sehen oft bei einem Verstorbenen ein verklärtes, lächelndes Gesicht wie das eines Engels. Das ist oftmals das letzte, was ein sozusagen »Weitergegangener« als Botschaft für uns zurückläßt, ein verklärtes, lächelndes, weiches Gesicht, das uns sagen will: Er hat verstanden, er hat das Paradies erreicht, er ist im Himmel.

7. Stabilisiert man mit Positivem Denken nicht nur wieder die bestehenden politischen Machtverhältnisse, indem man sich in sein eigenes Inneres zurückzieht?

Wer jetzt arm ist, kann wohlhabend werden, indem er sich seinen inneren Reichtum erschließt. Wer jetzt rechtlos ist, erlangt die ihm zustehenden Rechte, wenn er innerlich aufhört, in seine Rechtlosigkeit einzuwilligen. Man könnte sogar sagen, daß keine Methode so sehr wie das Positive Denken gesellschaftliche Machtverhältnisse ändern kann, weil jeder, unabhängig von Religion, Hautfarbe, Geschlecht, politischer Einstellung zu schöpferischen Gedanken fähig ist, die alles verändern können. Wer lächelnd seiner eigenen Kraft vertraut, der ist weniger oder gar nicht anfällig für politische Manipulation. Jeder kann zu der Erkenntnis gelangen, daß der Geist die einzig wirkliche Macht im Universum ist. Wenn alle wissen, wo der Schlüssel zum Tresor ist, können auch alle an den Tresor gehen. Früher galt dieses Wissen als Geheimwissen, und es wurde dem Volk vorenthalten, damit es nicht zu der Erkenntnis kommt, daß es selbst etwas tun kann, um seine Lage zu ändern. Bis in die jüngere Vergangenheit war die Selbstverwirklichung das Privileg einiger weniger Glücklicher. Noch Anfang des Jahrhunderts war esoterisches Wissen und der Weg der Selbsterkenntnis fast ausschließlich geheimen Orden wie Freimaurern, Rosenkreuzern, der weißen Bruderschaft und anderen vorbehalten. Indem aber all das Wissen, das die Welt zu befreien vermag, jetzt allen zur Verfügung steht, ist die »Neue Zeit« angebrochen und du hast deinen »Platz« in ihr.

Es gab – und es gibt – genug Institutionen, die ein Interesse daran haben, die Menschen in »Fesseln« zu halten. Heute kann sich jeder das Wissen beschaffen, das er braucht, um zu dem zu werden, der er sein möchte.

Wenn jemand zu Unrecht Macht ausübt, so wird ihm diese Macht eines Tages genommen werden. Hat er viele Waffen, kann einige Zeit vergehen, bis gerechte Verhältnisse hergestellt sind. Es gibt immer wieder Perioden, in denen eine Minderheit eine Mehrheit unterdrückt und umgekehrt, doch überall ist der Prozeß der Befreiung (Evolution) im Gange, und wird sich auch so lange fortsetzen, bis wir alle in die große Freiheit Einlaß gefunden haben. Natürlich hat die Geschichte des Lebens andere zeitliche Dimensionen als ein Individuum, deshalb dauert so eine Veränderung nicht Tage oder Monate, sondern Jahre, Jahrzehnte oder Jahrhunderte, manchmal Äonen. Doch im erwachenden Bewußtsein der Schöpfung liegt der Schlüssel zur Freiheit und sie ist deine wahre Natur.

8. Muß man sich auf den Wortlaut von Affirmationen sehr konzentrieren oder erreichen sie das Unterbewußtsein eher, wenn ich sie »nebenbei« sage oder höre?

Wenn das »Nebenbei« ein gedankenloses Vor-sich-Hinmurmeln ist, haben Affirmationen wenig Wirkung. Es heißt: »Das Gebet sei kein sinnlos Gestammel«; andererseits ist krampfhafte Konzentration, die etwas »einbleuen« will, mit Sicherheit nicht der richtige Weg. Du solltest mögen, anstatt zu wollen. Versuche die Worte, die du sprichst, bildhaft umzusetzen, sie zu verinnerlichen. Wenn du also zum Beispiel die Suggestion »Ich bin Harmonie« verwendest, so übersetze das Wort »Harmonie« in eine bildliche Form. Spüre ihr nach, finde heraus, was Harmonie für dich persönlich bedeutet. Laß dich in die Bilder, die bei deiner Suggestion aufsteigen, hineinfallen, korrigiere dich aber, wenn deine Gedanken abschweifen. Das ist die beste Methode und die Sprache deines Unterbewußtseins.

9. ***Es wird immer wieder darauf hingewiesen, wie schädlich es für Kinder ist, wenn sie bezweifelt statt bestätigt werden. Aber sind Menschen, die von klein auf immer alles bekommen haben, was sie wollten, oft nicht egoistisch und oberflächlich?***

Affenliebe ist genauso schädlich wie Vernachlässigung. Ein Kind, das verwöhnt wurde, ist nicht auf die Natur der Dinge hingewiesen worden. Es hat ein falsches Verständnis der Welt und wird es schwer haben. Es denkt, es sei selbstverständlich, daß es alles hat und die anderen nicht. Ein verwöhntes Kind wird nicht angehalten, sich selbst etwas zu erarbeiten, und deshalb wird es auch später dazu nur schwer in der Lage sein. Oberflächliche und egoistische Menschen sind unbewußt, sie denken nicht über die Realität nach, warum auch? Deshalb bringt ihnen das, was sie haben, anstatt Freude oftmals Leid. Ihr Vorteil wendet sich gegen sie, wenn sie nicht das richtige Verhältnis zu sich und der Welt haben. Reiche Erben verlieren leicht ihr Vermögen, arrogante Angeber haben keine Freunde, Egoisten sind nicht glücklich in der Liebe. Eltern sollten ihrem Kind helfen, seine eigene Schöpferkraft zu erkennen, dann wird es auch mit dem Leben zurechtkommen und aus sich heraus, ohne viel äußere Hilfe, sein Leben gestalten. Ein Kind, dem zu viele Wünsche erfüllt wurden, wird nicht lernen, sich seine Wünsche aus eigener Kraft zu erfüllen. »Selbst ist der Mann/Frau« ist die wichtigste Voraussetzung, um glücklich zu werden, und »wohl denen, die sich selber genügen«.

10. Kann ich mit Affirmationen und Imagination Macht über andere gewinnen, und was passiert, wenn ich das tue?

Ein Schwarzmagier kann eine Nadel in eine Wachspuppe stechen und mit der Magie seiner Gedanken der Person schaden, die durch diese Puppe symbolisiert wird. Aber nur ein kleiner Teil seiner Energie verläßt ihn und geht zu dem anderen, der größte Teil der destruktiven Kraft bleibt in ihm und zerstört ihn selbst. Die Mystiker sagen, daß die Magier der Teufel holt. Wenn du Negatives für andere imaginierst, so schadest du also vor allem dir selbst. Du begibst dich in die große Gefahr, dein Ziel zu verfehlen.

Der Wunsch, Macht über andere ausüben zu können, ist ein zwar beliebter, aber ganz und gar falscher Standpunkt. Wir können andere nur ändern, indem wir uns selbst ändern. Der andere reagiert automatisch in der Art und Weise, in der ich mich ihm gegenüber verhalte. Ändere ich mein Verhalten, so verändert sich die Welt. Wenn du aber glaubst, es sei zum Besten eines anderen, wenn du Macht über ihn erlangst, hast du eine falsche Einstellung vom Sinn des Lebens und wirst bald feststellen, daß der Mächtige allzuoft der Ohnmächtige ist. Überlasse es dem anderen, herauszufinden, was für ihn das Beste ist. Du kannst niemandem mit deiner Erfahrung helfen, jeder will und muß seine eigenen Wege gehen. Es ist unmöglich, deinem Kind Liebeskummer zu ersparen, nur weil du selber darunter gelitten hast und weißt, »Liebeskummer lohnt sich nicht«. Jeder braucht seine Erfahrung für seine persönliche Reife, und das ist gut so.

Wenn du das Gefühl hast, daß jemand auf dem falschen Weg ist, so kannst du ihm erklären, was du davon hältst – aber dann laß ihn in Ruhe. Selbst wenn er sich tatsächlich ein blaues Auge holt und hinterher sagt: »Du hattest recht«, so hat er doch die Erfahrung erst einmal machen müssen, um zu erkennen, daß du recht hattest. Vermeide jedes Missionieren, es gibt nur eine Möglichkeit, jemanden von der Richtigkeit deiner Lebenseinstellung zu überzeugen: Lebe sie ihm vor. Wenn er deinen Weg gut findet, wird er schon kommen und du kannst ihm Vorbild sein.

11. Ich will nicht alle Menschen lieben. Ist es nicht auch wichtig, sich von Menschen klar zu trennen, die man nicht um sich haben mag?

Oft erkennst du bei Menschen, die du nicht magst, Charaktereigenschaften, die auch bei dir aktiv sind. Diese Einsicht – die übrigens sehr schwer ist – bedeutet aber nicht, daß du dich von diesem Menschen nicht trennen darfst. Trennungen sind in unserem Leben genauso wichtig wie Verbindungen. Wenn du an einen Weg kommst, den du einmal gegangen bist, den du aber nicht wieder gehen willst, so hast du natürlich das Recht, eine andere Richtung zu wählen. Das kann zu einer seelisch-geistigen und auch äußerlichen Trennung führen. Beachte, daß jeder Mensch das Recht hat, seinen Weg zu gehen, weil jeder die Erkenntnis, die am Ende dieses Weges auf ihn wartet, braucht. Es gibt viele Wege zum Ziel, jeder Mensch ist ein Weg und somit trägt er in sich auch sein Ziel. Jeder ist Alpha und Omega. Wenn Wege ähnlich sind, üben sie eine Anziehungskraft aufeinander aus; wo sie wenig miteinander zu tun haben, laufen sie ohne Berührungspunkte auseinander. Wenn dich der Weg eines anderen nicht bereichert, entlasse ihn aus deinem Leben oder bitte ihn im Geiste um Entlassung. Du wirst andere finden, mit denen du Gemeinsamkeiten hast, denn gleich und gleich gesellt sich gern.

Oft verbinden wir Loslösung mit Aggression. Solange wir es noch nicht besser wissen, ist sie sogar hilfreich, denn sie beschleunigt die notwendige Trennung. Bei Jugendlichen, die ihr Elternhaus verlassen, können wir diese Aggression oftmals beobachten und natürlich auch bei Scheidungen. Die destruktive Energie ist das Mittel deiner Wahl, solange du noch keine andere Einsicht hast. Lebe deine Aggressionen aus, solange du sie noch brauchst. Besser wäre es allerdings, den anderen in Liebe zu entlassen, anstatt ihn mit Wut aus dem eigenen Ich zu verbannen.

Such dir Menschen, die dir helfen, die dich unterstützen, die dich erfreuen und für die du Balsam auf die Wunden der Seele bist. Jeder möchte gern Gleichgesinnte um sich haben, die seine Lebensphilosophie teilen. Das heißt natürlich nicht, daß nur *ihr* im Besitz der Wahrheit seid und die anderen unrecht haben. Das einzusehen, fällt den meisten Menschen allerdings sehr schwer. Aber du bist nicht die meisten Menschen.

12. Nach anfänglichen Erfolgen erlebe ich immer wieder Rückschläge mit dem Positiven Denken. Was kann ich dagegen tun?

Die Rückschläge sind vollkommen normal, weil du zwar willst, aber zugleich auch zweifelst, ob es wohl auch gelingen wird, was du möchtest. Das bedeutet nicht, daß du nicht schaffst, was du dir vorgenommen hast. Wenn du aufhörst zu zweifeln und die Erkenntnis gewonnen hast, daß du in der »Tat« der Schöpfer deiner Welt und deiner Erfahrungen bist, kannst du nie mehr in die Verantwortungslosigkeit zurück. Das gelegentliche Zurückfallen in alte Verhaltensweisen ist natürlich. Wir sind oft phlegmatisch, es ist noch vieles von früheren Evolutionsstufen in uns, in denen wir es uns meist bequem machten und dösend herumlagen. Lange haben wir nur etwas getan, wenn es uns zu heiß oder zu kalt war, wenn wir Hunger hatten oder Gefahr drohte. Unsere geistige Beweglichkeit ist einfach noch nicht so groß, daß wir nicht manchmal in alte Formen von »Leidenschaftlichkeit« zurückfallen – um aus diesem Leiden dann erneut die anfällige Erkenntnis zu gewinnen, um freiwillig aktiv zu werden.

Manchmal verschlechtern sich die Dinge sogar dramatisch, nachdem du mit dem Positiven Denken begonnen hast! Man nennt diesen Vorgang *»Chemikalisation«*, das heißt, eine chemische Umstellung bewirkt zunächst eine gewisse Irritation. Vielleicht hast du schon selber erlebt, wie sich eine Krankheit zunächst noch verstärkt hat, wenn eigentlich die Gesundung einsetzen sollte? Das gleiche passiert, wenn du heilende, das heißt positive Gedanken in dich einläßt. Denn nicht nur Medikamente, mehr noch Gedanken verursachen (chemische) Veränderungen. Doch warum nun die anfängliche Wendung zum Schlechteren? Mach dir folgendes bewußt: Wenn du mit dem Positiven Denken beginnst, hast du dein bisheriges Leben – das können mehrere Jahrzehnte sein – in anderen, manchmal nicht ganz konstruktiven Gedanken gelebt. Diese Denkweise hat sich eingraviert in deinen Körper, deinen Geist, hat deine Umstände geprägt. Wenn du nun nach Harmonie, Frieden, Liebe, Vergebung strebst, so bedeutet das einen neuen Kurs für dein »System«. Die neue Denkweise konkurriert jetzt mit der alten, muß ihrer Natur gemäß das Alte auflösen und das bewirkt ein Aufwallen in Körper und Geist, was du dann als vorübergehende Verschlechterung empfindest.

Sei dir bewußt und vertraue darauf: Die alte Denkweise ist auf jeden Fall zum Rückzug gezwungen, egal, wieviel Lärm sie dabei macht. Wenn du diese Zeit des Aufruhrs in deinem Leben durchstehst, wird bald deine Heilung auf wunderbare Weise offenbar werden. Alles geht bald schon ganz leicht. Was du brauchst, fällt dir zu. Was du von Herzen ersehnt hast, tritt bald schon in Erscheinung.

Laß dich nicht ins Bockshorn jagen, wenn du Rückschläge erlebst. Bleib ruhig und gelassen, warte einfach ab, und mach dir immer wieder klar, daß diese Rückfälle ein Teil des Heilungsprozesses sind. Wenn du einen alten Fehler wiederholst, lach darüber und verstehe, daß du scheinbar beim erstenmal noch nicht ganz verstanden hast und deshalb einen Teil der Lektion wiederholen mußt. Dein Unterbewußtsein probiert nur den früheren Weg, und der hat eben eine solche Anziehungskraft, weil er so lange von dir begangen wurde und gut eingefahren ist. Er bietet sich so lange an, wie dein neues Bewußtsein noch nicht genügend Standfestigkeit hat. Daran ist nichts Falsches. Kämpfe nicht gegen deine Schwächen an, nimm von einem übergeordneten Standpunkt lächelnd davon Kenntnis, was geschehen ist. Du weißt: Jeder Schritt zurück ist nur ein neuer Anlauf für den

Sprung nach vorn. Der »Mist«, den du bisher gemacht hast, ist der Dünger für deine zukünftigen großen Taten! Lächle über beide Programme, aber lächle über das neue ein kleines bißchen mehr. Mehr ist nicht nötig und nun laß es genug sein!

13. Ich schlafe leicht ein, wenn ich in Trance gehen möchte. Was mache ich falsch?

Nichts. Einzuschlafen, wenn man in einer bequemen Position liegt und die Augen schließt, ist natürlich. Nur manchmal und nur im übertragenen Sinne ist es beim autogenen Training Flucht vor sich selbst. Das einfachste Mittel dagegen ist, sich eben nicht in diese bequeme Position, zum Beispiel die Rückenlage, zu begeben. Probiere einmal den unbequemeren Lotossitz aus, laß den Raum eher kühl, gestalte die Situation so, daß das Einschlafen erschwert oder verhindert wird. Trance bedeutet, daß man sich in einem überwachen, selektiven Bewußtseinszustand befindet, von Schlaf kann keine Rede sein. Du nimmst dann zwar den Raum, in dem du sitzt, nicht mehr besonders zur Kenntnis und hast ein verändertes Gefühl für die Zeit, aber dennoch wäre Schlafen ein Verlust von Bewußtsein. Trance hingegen ist eine höhere Bewußtseinsstufe. Wenn du trotz deiner kleinen Tricks, das Einschlafen zu erschweren, doch immer wieder einschläfst, solltest du deine Widerstände gegen die Trance aufarbeiten. Vielleicht bist du zu verspannt und mußt dich vor der Trance erst durch körperliche Bewegung abreagieren. Das ist der Grund, warum in unseren Seminaren getanzt wird. Freier Tanz, Jogging, dynamische Meditation bauen Spannungen ab. Entspanne dich, geh, wenn du alleine nicht zurechtkommst, in ein Seminarzentrum oder wende dich an uns.*

* Kontaktadresse siehe Nachwort

14. Kann man mit Affirmationen, die man sich selber gibt, den gleichen Erfolg erzielen wie mit einer Hypnosetherapie?

Jein. Theoretisch ja, aber praktisch nein. Der Hypnosetherapeut legt in einem optimalen Trancezustand die Affirmationen direkt in dein Unterbewußtsein. Selbst eine mittlere Trance ist ein Zustand, in dem du nicht mehr in der Lage bist, Affirmationen selber zu formulieren. Tonbänder sind eine Hilfe, wenn du alleine arbeiten willst, in meiner Praxis sind beispielsweise über viele Jahre hinweg fünfundzwanzig verschiedene Suggestionskassetten entstanden, die schon sehr vielen eine wertvolle Hilfe waren. Ein Tonband ist immer eine gute Alternative, aber kein wirklicher Ersatz für einen *spirituellen* Hypnosetherapeuten.

In meinem Buch »Kraftzentrale Unterbewußtsein« schreibe ich ausführlich zum Thema Hypnose und über die Qualifikation eines Therapeuten. Es gibt Hypnosetherapeuten, deren ganze Ausbildung lediglich im Besuch eines Wochenendseminars besteht, oder sie arbeiten eindeutig nach veralteten Modellen indem sie beispielsweise nur körperliche Symptome ansprechen, und statt mit Medikamenten eben mit Worten zu kurieren versuchen. Aber Symptombehandlung führt lediglich zur Symptomverschiebung. Nicht jeder, der diesen Titel trägt, der sich Therapeut nennt, ist es auch.*

Wenn du im wesentlichen mit dem, was in diesem Buch geschrieben steht, und mit den beiden vorhergehenden Büchern *Kraftzentrale Unterbewußtsein* und *Hilfe aus dem Unbewußten* einverstanden bist, such dir einen Hypnosetherapeuten, über den du möglichst viel weißt. Du solltest über die Einstellung eines Hypnosetherapeuten so viel in Erfahrung bringen können, daß du vertrauen kannst, denn wie du nun schon oft gelesen hast, ist die innere vertrauensvolle Beziehung von allergrößter Bedeutung.

* Interessierte können eine Namensliste mit Therapeuten und näheren Informationen zu diesen beziehen über die Kontaktadresse am Ende des Buches.

NACHWORT

Vertraue der Gerechtigkeit

Gerechtigkeit für alle, heißt es allerorts. Aber wo ist sie? Wann wird die Zeit kommen, da Himmel und Erde vereint sind? Oder könnte es sein, daß wir auch hier wieder einmal den Wald vor lauter Bäumen nicht sehen? Wir haben es schon einmal in diesem Buch geschrieben: »Jeder bekommt, was er verdient, aber nur der Erfolgreiche gibt es auch zu.« In dieser Aussage liegt enorm viel Information über den Ist-Zustand unserer Welt.

Neulich kam ein junger Mann in die Praxis, um über einige für ihn wichtige Dinge zu sprechen. Eine seiner Fragen war: »Wenn wir alle Gottes Kinder sind, warum verteilt er dann die Alimente so ungleichmäßig?« Hatte der junge Mann recht mit seiner Frage? Wir glauben nicht! Das Wesen, jene Bewußtheit, die Urheber der Schöpfung ist, bedarf keinerlei Ergänzung, keines Rates, keiner Verbesserungsvorschläge. Das Prinzip, wie das Füllhorn über uns ausgegossen wird, ist perfekt. Denn was wäre gerechter, als daß jeder das bekommt, was er verdient? Verdient im Sinne von: Jeder bekommt das, was er erschafft. Jeder ist seines Glückes Schmied. Jeder lebt in dem Universum, das er aus sich heraus erschaffen, also selber kreiert hat. Stell dir vor, jeder auf der Welt erhielte absolut das gleiche an Wert und Menge von den Gütern dieser Welt. Welche Ungerechtigkeit! Arbeiten wir doch alle in einem unterschiedlichen Tempo, mit unterschiedlichem Wirkungsgrad, an unterschiedlichen Projekten. Der Anreiz, durch ein intelligentes, besseres Verfahren schneller zu Erfolg zu kommen, ist für viele z. B. ein Lebensziel. Wer mehr tut, wer fleißig ist, sollte im selben Verhältnis dafür belohnt werden. Der Faule zum Beispiel, der nur fleißig ist, wenn er eine bestimmte Menge Geld braucht, würde nach diesem Verteilerschlüssel sicher sofort auf halbe Kraft zurückschalten und andere die Arbeit tun lassen.

Oder wäre es gerecht, wenn Gesundheit, Glück, Liebe, und materielle Werte nach Hautfarbe verteilt werden würden? Sollte unser Wohlergehen, unser Glück, Liebe, materieller Überfluß nach der religiösen Zugehörigkeit verteilt werden? Selbstverständlich nicht. Die sozialistischen Volksgemeinschaften, welche die Säule der Evolution »jedem das *seine*« durch die Parole »alle sind gleich« außer Kraft zu setzen suchen, erleben ziemlich drastisch, was der einzelne noch zum Gesamtwohl beizutragen bereit ist, wenn nicht durch seine besondere Leistung auch seine materielle Basis profitiert.

Versuch dir zum Spaß einfach einmal ein Gesellschaftsmodell auszudenken, das völlig befriedigend wäre. Wir sind der Meinung, daß das vorhandene einfach und gerecht ist. Jeder kann an der Börse des Lebens das erhalten, wonach er verlangt, vorausgesetzt, er hat den geistigen Gegenwert dabei. Noch einmal einfacher: Alles hat seinen Ursprung im Geiste. Wenn du erfüllt bist mit großem Gefühls- und Ideenreichtum, dann wird dieser innere Reichtum Anziehung auf seinesgleichen in der äußeren Welt ausüben. Durch das Gesetz der Resonanz wird es außen bald so sein wie innen. Wenn du voller Ärger bist, wird das Gesetz alles dem Ärger Entsprechende anziehen, bis zwischen innen und außen Ausgeglichenheit besteht.

Bist du erfüllt von materiellen Vorstellungen, so wirst du von den geistigen Gesetzen gezwungen werden, in deiner äußeren Welt genau das deinem Inneren Entsprechende zu materialisieren. Im Denken und Glauben liegt dein Schlüssel zum Glück dieser Welt. Es ist gerecht und wird von allen auch bewußt oder unbewußt praktiziert. Hier liegt die höchstmögliche Gerechtigkeit, nur so kann es sein. Alles andere wäre nicht funktionsfähig. Doch sollten wir die zeitliche Spanne, aus der heraus wir Recht und Unrecht bemessen, etwas größer ansetzen. Wenn ich heute krank werde, liegt der Grund dafür nicht unbedingt im vorangegangenen Tag.

Meist ist hier eine Vorlaufszeit von Monaten bis Jahren anzusetzen. Ich selber hatte Krebs im letzten Stadium und erkannte rechtzeitig, daß ich zwanzig Jahre Müllschlucker war, und daß mir jetzt die Krankheit etwas Wichtiges mitzuteilen versuchte, *und wurde gesund!**

Wir sehen mit unserer Vogel-Strauß-Politik oft nicht die naheliegenden Gründe und sind daher allzu leicht bereit zu behaupten, es gäbe sie nicht. Wir sagen oft: Diese Krankheit ist ein Unglück, das ist Ungerechtigkeit, da muß ein Regiefehler der Schöpfung vorliegen. Doch wir wissen heute sehr genau, daß alles allzeit »im Lot« ist, daß eine vollkommene Gerechtigkeit existiert und daß wir bekommen, was wir verdient haben. Wir leben in einer sich selbst erhaltenden, sich selbst erneuernden Ordnung. Es ist ein erfolgreiches Konzept, das durch uns und im gesamten Kosmos seinen Ausdruck findet.

Was du in diesem Buch gelesen hast, ist nicht zufällig in deine Hände gekommen. Es ist dir zu-ge-fallen um dir zu helfen, den Sinn des Seins von einem anderen Standpunkt als dem gewöhnlichen zu betrachten. Jetzt liegt es an dir, was du daraus machst. Denk daran, niemals wirst du jemandem begegnen, der Theorie und Praxis schon vollständig miteinander vereint hätte. Alle sind wir gleichermaßen noch auf dem Wege. Du bist jetzt gemeinsam mit uns ein Stück deines Lebensweges gegangen, wir waren Reisegefährten. Vielleicht begegnen wir uns auch einmal persönlich. Unsere geistige Verbundenheit läßt uns an einem gemeinsamen Ziel arbeiten. Wir wünschen dir zum Abschied, daß du eines Tages diese Worte von Sri Aurobindo aus vollem Herzen, mit deiner ganzen inneren Überzeugung auf dich beziehen kannst:

* Mehr dazu siehe Gudrun u. Erhard F. Freitag, *»Sag ja zu deinem Leben«*, München: Goldmann, 1994.

Dein goldenes Licht kam herab in mein Gehirn,
Da wurden die grauen Kammern des Denkens sonnenhell.
Dein goldenes Licht fiel herab in meine Kehle,
Und all mein Reden wurde göttlicher Gesang.
Dein goldenes Licht fiel herab in mein Herz,
Überwältigte mein Leben mit deiner Ewigkeit.
Dein goldenes Licht fiel herab in meine Füße,
Meine Erde wurde dein Spielfeld und dein Sitz.

Mit liebevollen Grüßen, die von Herzen kommen

Carna und Erhard

Anschrift:
Erhard F. Freitag
Sekretariat
Postfach 200 816
80008 München
Tel. 089/7 90 15 25

BUCHEMPFEHLUNGEN

Freitag, Erhard F.: *Kraftzentrale Unterbewußtsein. Hilfe aus dem Unbewußten. Sag ja zu deinem Leben – Erkenne deine geistige Kraft – Der Rat der Weisen – Diesseits der Wirklichkeit*

Allan, Arthur: *Ich hypnotisierte Tausende.* – Sri Aurobindo: *Alles Leben ist Yoga.* – Bach, Richard: *Die Möwe Jonathan. Illusionen.* – Backster, C.: *Das geheime Seelenleben der Pflanzen.* – Bhagavadgita: *Bewußte Sterblichkeit.* – Buscaglia, Leo: *Leben, lieben, lernen.* – Le Cron, Leslie: *Selbsthypnose.* – Davis, Roy Eugene: *Die Technik der schöpferischen Imaginationen.* – Dethlefsen, Thorwald: *Krankheit als Weg.* – Fromm, Erich: *Die Kunst des Liebens.* – Gawain, Shakti: *Stell dir vor.* – Gibran, Kahlil: *Der Prophet.* – Golas, Thaddeus: *Der Erleuchtung ist es egal, wie du sie erlangst.* – Holmes, Ernest: *Die Vollkommenheitslehre. Der Schlüssel zu deinem wahren Wesen.* – Haich, Elisabeth: *Einweihung.* – Kirchner, Josef: *Die Kunst, ein Egoist zu sein.* – Körner, Heinz C. (Hrsg.): *Die Farben der Wirklichkeit.* – Leon, Chertok: *Hypnose.* – Marcuse, Ludwig: *Philosophie des Glücks.* – Mulford, Prentice: *Unfug des Lebens und des Sterbens.* – Murphy, Joseph: *Die Macht Ihres Unterbewußtseins. Das Superbewußtsein.* – Pirsig, Robert M.: *Zen und die Kunst, ein Motorrad zu warten.* – Schmidt, K. O.: *Meister Eckeharts Weg zu kosmischem Bewußtsein. Seneca – der Lebensmeister. Der Geist der Lebensmacht. Richtig denken – richtig leben. Gedanken sind wirkende Kräfte.* – Stearn, Jess: *Der schlafende Prophet.* – Stone, Irvin: *Der Seele dunkle Pfade.* – Taniguchi: *Leben aus dem Geiste. Die geistige Heilkraft in uns.* – Yogananda, Paramahansa: *Autobiographie eines Yogi. Religion als Wissenschaft. Worte des Meisters. Flüstern aus der Ewigkeit.* – Sri Yukteswar: *Die heilige Wissenschaft.*

Stichwortverzeichnis